Wenn man aufsteht, wird die Verbeugung tiefer

Über das Buch

Dieses Buch hat den 90. Geburtstag des Mannes zum Anlass, den man »die Stimme des Sports« nennt. Wenn alles so gelaufen ist, wie es der Verlag im Sinne hatte (und alle »dichtgehalten« haben!), dann ist es ein Überraschungsgeschenk für den Jubilar!
Und eine Offerte an seine einstigen Hörer und Zuschauer, an seine Leser und all jene, die sich gern an Begegnungen mit ihm erinnern. Schließlich verschanzte sich »Reporterlegende« Heinz Florian Oertel nicht in der Reporterkabine, sondern ging auch dorthin, wo Breitensport stattfand und Menschen sich trafen.
Auch wenn der Autor nichts weiß von diesem Buch, ist natürlich drin, was draufsteht: O-Ton Heinz Florian Oertel. Ausgewählt aus seinen Buchveröffentlichungen, Interviews und Reportagen.

Über den Autor

Heinz Florian Oertel, geboren am 11. Dezember 1927 in Cottbus. Als Siebzehnjähriger wurde er zur Kriegsmarine eingezogen. Aus britischer Kriegsgefangenschaft in seine Heimatstadt zurückgekehrt, arbeitete er zunächst als Schauspieler am Cottbuser Stadttheater und dann als Neulehrer für Sport und Deutsch. Von 1949 bis 1991 war er Sportreporter beim Hörfunk, ab 1955 beim Deutschen Fernsehfunk. Erstmals 1952 aus Helsinki, berichtete er von insgesamt 17 Olympischen Spielen, acht Fußball-Weltmeisterschaften und Eiskunstlauf-Welt- und Europameisterschaften. Nach 1990 arbeitete er beim Ostdeutschen Rundfunk Brandenburg und beim NDR und war darüber hinaus als Dozent für Rhetorik an der Freien Universität Berlin und als Lehrbeauftragter für Sport und Publizistik an der Universität Göttingen tätig.

Heinz Florian
Oertel

Wenn man aufsteht, wird die Verbeugung tiefer

neues leben

Inhalt

Geleitwort

Ich bin vermessen und verdächtige die Leser, nachdem sie sich mit dem Geleitwort vertraut gemacht haben, mich der Lobhudelei für Heinz Florian Oertel zu bezichtigen. Das halte ich aus.

Unangenehm aber wäre es mir, wenn *er* meine Huldigung als überflüssig abtun würde. Seine Meinung zu meiner Arbeit war mir immer wichtig. Dabei gehörte er zu jenen Mentoren meines Praktikums 1955 in der Sportredaktion des Rundfunks, die meine Reporter-Untauglichkeit bestätigten und mir so die Illusion nahmen, ein zweiter Oertel werden zu können, wenngleich sie mir Fähigkeiten zum Sportjournalisten nicht völlig aberkannten.

Diese vierwöchige Lehrzeit war für mich eine nicht mit Geld zu bezahlende Lernzeit an der Seite von Heinz Florian Oertel. Er vermittelte nicht nur spezifische Anforderungen an einen Sportjournalisten, sondern auch Haltungs- und Verhaltensweisen.

Als ich Oertel zur Berichterstattung von der Winterbahn in die Werner-Seelenbinder-Halle begleitete, hatte ich mich schon Tage vorher erst einmal über Wettbewerbe im Radsport belesen. Von einem Omnium hatte ich schon gehört. Was das »Ganze« aber beinhaltet, war mir nicht geläufig. Und als ich Einzelverfolgung, Ausscheidungsfahren, Zeitfahren oder Punktefahren auf dem Lattenoval staunend und voller Begeisterung verfolgte, musste mich Heinz Florian daran erinnern, dass ein Berichterstatter, bei aller Begeisterung, nicht in Trance verfallen könne, sondern seine Beobachtungen als Notizen festzuhalten habe. Und wenn diese im Augenblick nicht zu verwerten seien: ein Archiv sei die halbe Miete.

HFO besitzt ein solches Archiv – in Ordnern und in einem mit großem Allgemeinwissen gefüllten und geordneten Kopf. Davon abzugeben, mit Kollegen zu teilen, dazu ist er gern bereit. Man muss ihn nur fragen. Ungefragt wird Oertel nicht zum Klugschwätzer. Und da auch er nicht allwissend ist, scheut er sich durchaus nicht, zum Fragenden zu werden.

Gerade was Regeln bei Fremdsprachen betraf, holte er sich gelegentlich Rat von uns Nachrichtensprechern ein. Manchmal gab das die Zeit nicht her, und da konnte es schon passieren, dass der Name des Benannten für dessen Ohr eigenartig klang. Aber das war selten. Namen, die Heinz Florian Oertel in seinen Sportreportagen nannte, sind heute noch ein Wohlklang in meinem Ohr. Und nicht nur in meinem. Während der »Internationalen Radfernfahrt für den Frieden« alljährlich im Mai tönten die Namen der Fahrer aus den Kofferradios in den Städten und Dörfern unseres Landes, wenn Reporter Heinz Florian Oertel Begriffe und Geschehen für die Stimme arrangierte: »Course de la Paix« mit Fahrern wie Romeo Venturelli, Johannes van der Velden, Aurelio Cestari. Auf diesen Namen konnte er sich ausruhen, jede Silbe war gut zu verstehen. Sogar der Pole Andrzej Mierzejewski und der mehrfache sowjetische Etappensieger Dschamolidin Abduschaparow blieben ohne sprachlichen Makel, wenn Oertel sie zum »Contre la montre« aufrief.

Manch einer mag das als Masche abtun. Ich sehe mich da eher als Bruder im Geiste. Es ist eine Pflicht der Höflichkeit, den Namen eines Menschen korrekt auszusprechen, zumal wenn er einer großen Öffentlichkeit zugänglich gemacht wird. Wenn junge Reporter sich Oertel zum Vorbild genommen haben und vielleicht heute noch nehmen und ihm nacheifern möchten, dann sollte das eine der Prämissen für die Berufsausübung sein. Wie überhaupt Oertel großen Wert auf die Pflege seines Handwerkszeuges, der Sprache, legte, wozu ein umfangreicher Wortschatz und der Gebrauch von Synonymen gehören. Es nimmt deshalb nicht wunder, wenn er, damals wie heute, Kollegen bei ihren Reportagen nur kopfschüttelnd zuhören kann, weil sie jegliche Bemühungen zur Weiterentwicklung vermissen lassen, obwohl sie schon Jahre dieser Tätigkeit nachgehen.

Stillstand kannte Heinz Florian nicht. Und er war nicht ausschließlich auf den Sport fixiert. Man hätte ihn getrost zu einer Theaterpremiere als Berichterstatter schicken können und es wäre ein hörenswerter Beitrag dabei herausgekommen. Es wäre ihm nicht ergangen wie dem Sportreporter in einer Anekdote, der für einen Kulturredakteur bei einem Konzert einspringen muss und davon berichtet, dass die Sängerin Lieder von Schubert sang, wobei Schubert verlor und sich in der Halbzeitpause die Ränge leerten.

Seine Vielseitigkeit bewies Oertel mit eigenen Sendungen im Hörfunk und Fernsehen. Sie wurden allesamt Renner: »7–10 Sonntagmorgen in Spreeathen«,

»He, he, he – Sport an der Spree«, »Schlager einer großen Stadt« oder »Porträt per Telefon«, die erste Talkshow im DDR-Fernsehen. Der Bildschirm öffnete sich für ihn als Moderator bei »Ein Kessel Buntes« oder als Partner von Helga Hahnemann. Und ich selbst erinnere mich gern an eine Sendung von Heinz Quermann, in der wir, »Da lacht der Bär« singend, durch den Berliner Tierpark Friedrichsfelde zogen.

Mit dem Ruhm kommt der Neid und der Verruf. Überheblich, unnahbar. Besonders Reisen zu Sportereignissen in westliche Länder, von denen er mehr im Reisepass aufzuweisen hatte als andere Kollegen, brachten ihm den Ruf der Begünstigung ein. Aber es war wohl eher so, dass Heinz Florian Oertel die sicherste Bank für eine gute Berichterstattung war. Auch bei unerwarteten Ereignissen.

Er habe in den Reportagen im Fernsehen nie den Rundfunkmann verleugnen können, habe die Bilder zugequatscht. Nun, soviel ich weiß, will er das auch gar nicht. Wie wir alten Rundfunkleute das sowieso nicht wollen, weil der Rundfunk die beste Lehranstalt war, die wir uns denken können. Er war sich durchaus bewusst, dass seine Fernsehreportagen wortkarger hätten ausfallen können. Ich empfand es nicht als lästig, war doch bei dem, was aus dem Lautsprecher kam, nichts Sinnloses darunter.

In einer Anekdote erfährt man, dass er einmal bei einer Live-Fußball-Übertragung aus dem Moskauer Lushniki-Sportpark mit Darmproblemen zu kämpfen hatte und den Reporterplatz verlassen musste. Er hatte Glück. In der diarrhöischen Sprechpause war kein Tor gefallen. Wieder in der Heimat, belobigte ihn der Intendant für seine zurückhaltende Berichterstattung, die er sich von ihm nun immer so wünsche.

»Was ist er denn für ein Mensch?«, wird man oft gefragt. In einer Erzählung von Christa Wolf wird über die Hauptfigur gesagt, er sei ein guter Mensch. Das kann ich über Heinz Florian Oertel auch sagen.

Ich möchte noch einmal auf die anfangs erwähnte Winterbahn zurückblicken. Oertel war voll beschäftigt, an ein Verlassen des Reporterplatzes war nicht zu denken. Und so bat er mich, obwohl, wie er ausdrücklich betonte, das nicht zu meinen Aufgaben gehöre, Würstchen zu holen und drückte mir Geld in die Hand. Ich beeilte mich, den langen Weg schnell zurückzulegen, damit das Gewünschte wenigstens lauwarm bei ihm ankam. Sein erster Satz war: »Wo sind deine Würstchen?« Meine Druckserei deutete er richtig, dass ich von seinem Geld für mich keine Würstchen gekauft hatte, und er ahnte, dass mein Stipendium diese Sonderversorgung nicht mehr zuließ. Er machte mir klar, dass für alle Zukunft gelte, wenn er mich bitte, Essen zu besorgen, ich immer einbezogen sei.

Ich stehe auf und verbeuge mich, dankbar, dass Heinz Florian Oertel ein Teil meines, wie er sagen würde, Lebensmarathons ist.

Klaus Feldmann

Heinz Florian Oertel über seinen Jahrgang

27er, na und?

Richtig, geschätzter und kritischer Leser – na und? Warum sollten 27er, also 1927 Geborene, was Besseres oder Interessanteres sein als 28er, 29er, 30er ... und, und, und? Dennoch wird es vielen Menschen ähnlich gehen, nämlich wissen zu wollen, wer ist auch so alt, so jung wie ich? Mit welchen Lebensabläufen lässt sich meiner vergleichen?

Sicherlich sind das nicht die himmelbewegenden Fragen, aber ... Warum auch nicht?

Mir schickte ein Freund zum Geburtstag eine originelle Glückwunschkarte. Vorn prangt bunt die Superfeststellung: 1927 war ein Spitzen-Jahrgang. Ich machte mir dann nicht die Mühe, nachzuprüfen, ob das auf allen ähnlichen Pappen auch behauptet wird. Ich vermute stark: ja. Immer.

Also zum 27er »Spitzenjahrgang«!

Als mich im Cottbuser Osten damals eine Hebamme (die ich später persönlich kennenlernte) aus dem Körper meiner Mama Anna Bombeck-Oertel »befreite«, lebten in Deutschland 64 023 619 Einwohner. Mithin, ich wurde für Sekunden der »Einmalige« 64 023 620ste, ein fast neun Pfund schwerer Dicker. Meine Mutter brachte mich an einem Sonntag, dem 11. Dezember, um 11 Uhr vormittags auf die Welt. Ich bin Schütze-Kind und hatte tatsächlich viel, viel Glück.

Hans Rosenthal wäre jetzt hochgesprungen: »Das ist ... – Spitze!«

Ich sage: Danke, Mama und Papa. Im Himmel sehen wir uns wieder.

Heinz Florian Oertel mit
Mutter, Vater und Schwester,
1934

Heinz Florian Oertel als …

… Kind

Herkunft

Ich schäme mich, dass ich mich schämte.

Riefen die Lehrer einzelne Schüler auf und fragten nach den Eltern, Beruf des Vaters und so weiter, bekam ich rote Ohren. Immer hoffte ich, man würde mich übersehen. Blätterten andere im Klassenbuch, wo bekanntlich alles Schwarz auf Weiß zu lesen war, duckte ich ab. Links und rechts antworteten Mitschüler: »Mein Vater ist Apotheker«, »Meiner ist Chemiker«, »Ingenieur«, »Studienrat«, »Bibliothekar« … Da konnte ich nicht mithalten. Ich hatte das Gefühl, wenn ich mein »Weber« oder »Tuchmacher« murmelte, grinsten die anderen. Später musste mein Vater, der bis dahin wegen einer Herzgeschichte nicht einberufen wurde, in einen Rüstungsbetrieb. Dort stank es jämmerlich nach allen möglichen Giften. Aus allem machte man Kunstfasern und wer weiß noch was. Jetzt nannte sich Vater Chemiewerker. Mich verführte das zum Schwindeln. Kam ein neuer Lehrer, viele bekannte verschwanden in letzte Wehrmachtsaufgebote, und fragte nach dem Vater, nuschelte ich ein Mischmaschwort wie »Chemwiker« ...

Warum, dachte ich hundertmal, warum bin ich gerade so, hierher geboren? Mein Vater Weber in einer Tuchfabrik an der Spree, meine Mutter Reinemachefrau im Lehrerbildungsinstitut um die Ecke. Und wir wohnten zu viert in Stube und Küche. Mutter, Vater, Schwester und ich. Bis zu meinem vierzehnten Geburtstag. Nach der Schule brachte ich Vater das Essen in die Fabrik. Ich trug seine abgelegten Schuhe und gestopften Pullover. Einen Wintermantel kannte ich nicht. Zur Konfirmation bekam ich mein erstes eigenes Jackett.

Warum schämte ich mich?

Ich wusste, andere wohnen besser. Meine Klassenkameraden besitzen richtiges Sportzeug, Fußballstiefel, Badezeug, im Winter Skier, manche ein Fahrrad. Für mich: Fehlanzeige. Weihnachten, wenn es anderswo trotz der miserablen Zeit noch Geschenke gab, Neues, pinselte Vater auf meine Spielsoldaten neue Dienstgrade. Aus einem Gefreiten machte er per Pinselwinkel einen Obergefreiten, aus einem Leutnant mit Klecks einen Oberleutnant. Das war's. Halt, und dazu mein Lieblingsessen: Kartoffelsuppe mit Bockwurst. In der Schule rangierte ich mit den Leistungen vor vielen, aber die lagen dafür im Leben vorn. Das wurmte. Immer wieder.

Vater konnte für seine Herkunft so wenig wie ich für meine. Die Oertels stammten aus Niederschlesien und waren meist Arbeiter. Vater wuchs zudem in einer ähnlich erbärmlichen Zeit auf. Im Ersten Weltkrieg waren fast alle Lehrer an die Front beordert. Immer wieder fiel Unterricht aus. Entsprechend war das Lernniveau. So »ausgebildet«, geriet er auf den Arbeitsmarkt der Nachkriegsjahre. Eine Katastrophe. Null Berufschancen. So, wie heute wieder für viele junge Leute. Dann glückte eine kurze Bäckerlehre. Es folgte Arbeitslosigkeit. Viele Jahre. Weimarer Republik. Und dann kamen wir. Zuerst ich, dann meine Schwester.

Mein Cottbus

Sprem, Cottbuser Kürzel für Spremberger Straße. Die Straße der Stadt. Überheblich ließe sich auch feststellen – unser Ku'damm. Oben, am südlichen Ende, überragt der Spremberger Turm altbürgerliche Wohn- und Geschäftshäuser, Banken und vorbeiquietschende Straßenbahnen. Dieser dicke Turm mit seinem steinernen Bauch ist fast so alt wie meine Heimatstadt, die immerhin schon über 770 stolze Jahre auf dem Buckel trägt. Hussiten bissen sich am Turm die Zähne aus und Wallensteins Plünderer. Er nahm Pestkranke auf und später hugenottische Emigranten. Dann rissen ihm der Siebenjährige Krieg und Napoleons Truppen Wunden. Baumeister Schinkel heilte sie mit neuen Zinnenkronen, die noch immer halten.

Mich brachten der Zufall und natürlich meine Mutter in Cottbus auf die Welt. Ich liebe die Stadt. Früher hieß sie Chotibus, Godebuz, Choschobuz und Kottbus, Sorbisch immer Chosebuz. An ihrem Wahrzeichen, dem Turm, nahm vieles seinen Lauf. Beim Dickbäuchigen hatte ich mein erstes Rendezvous …

Mein erster Lehrer

Lebte er noch, ich könnte ihn jeden Tag umarmen. Meinen ersten Grundschulklassenlehrer, Herrn Hildebrand. Nie hatten wir herausbekommen, wie er mit Vornamen hieß. Doch das tut längst nichts mehr zur Sache. Was mir aber Herr Hildebrand schenkte, wie er mir vorentscheidende Lebensweichen stellte, das bleibt unvergessen. Als ich in der vierten Klasse war, bekam ich eine sogenannte Freistelle, so dass ich auf die Mittelschule gehen konnte. Meine Mutter freute sich sehr, aber mein Vater war unsicher. Ich sehe es noch vor mir: Vater ging eines Abends mit mir in den Cottbusser Ortsteil Ströbitz, wo Lehrer Hildebrand wohnte. Dort klopften wir an seine Tür. Was ist denn? Ich bin der und der, sagte mein Vater, und mache das und das, und ich will nur fragen, kommen da größere Kosten auf uns zu? Nein, wir haben doch gesagt, der Junge kriegt eine Freistelle. Aber trotzdem, die Bücher und Hefte und alles, kostet das nicht doch? Nein, nein, dafür wird schon gesorgt werden. Damit waren die Zweifel aus dem Weg geräumt, und so trat es auch ein. Ich habe später, als ich sechzehn war, für die Oberschule wieder eine Freistelle bekommen.

Musterschüler

Ich gehörte zu den ganz guten Aufsatzschreibern. Noch besser war ich aber als Gedichteaufsager. Das brachte mir auch den Respekt der Klassenkameraden, weil ich ihnen oft aus der Patsche half. Jeder weiß von solchen Situationen: Der Deutschlehrer stellt die Hausaufgabe, bis zur nächsten Woche beispielsweise Schillers »Glocke« zu lernen. Dann ist es so weit.

»Wer meldet sich freiwillig? Na ...?«

Schweigen im Klassen-Wald. Das war meine Chance.

»Ich!«

Ein zufriedener Lehrer sah das Eis gebrochen, und für die Mitschüler waren die lähmenden Peinlichkeitssekunden vorbei. Ich hatte sie erlöst. Was andere irritierte, manche total verunsicherte, machte mir Spaß. Vorn zu stehen, Auge in Auge mit teils verlegenem, teils feixendem Publikum. Ich legte los.

Rilke

Jede Schule delegierte damals die Besten zu Rezitatoren-Wettbewerben. Im Cottbuser Stadttheater ging es um die Stadt-Besten, die wurden dann zur Landes-»Meisterschaft« geschickt. Eine erlebte ich in Frankfurt. Es musste eine »Pflicht« und eine »Kür« geboten werden. Pflicht hieß, eine vorgegebene Ballade zu rezitieren. Ich weiß noch genau, beim Endausscheid war das Uhlands »Des Sängers Fluch«. »Es stand in alten Zeiten ein Schloss so hoch und hehr ...« Meine Kür bestand aus Versen von Rainer Maria Rilke.

Ältere Cottbuser Freunde hatten mich zum Rilke-Fan gemacht. Der gerade zuständige Deutschlehrer unterstützte mich. Mir gefiel dieser spezielle, schöne Sprachrhythmus, die dadurch möglichen Sprechmelodien und die Bilder, die Rilke schuf. Viele Metaphern verstand ich noch nicht, klar, aber alles beeindruckte mich, und die mit alten Schreibmaschinen abgetippten Texte hob ich lange, lange auf.

Fürs Finale wählte ich drei oder vier Abschnitte aus einem Rilke, der zu dieser Zeit manchen von uns begeisterte. »Die Weise von Liebe und Tod des Cornets Christoph Rilke«. Gleich der Anfang faszinierte: »Reiten, reiten, reiten, durch den Tag, durch die Nacht, durch den Tag. Reiten, reiten, reiten. Und der Mut ist so müde geworden, und die Sehnsucht so groß ...« Meine zweite Kür-Wahl wurde Rilkes »Herbsttag«. Warum? Wieso? Keine Erklärung. Alles Lebenssymbolische dieser Zeilen ging mir erst viel später auf. Gerade die Erinnerungen, die jetzige Lebensherbstnähe und das sprachlich Ewig-Meisterliche ...

Ende der Kindheit

1943, als wir Fünfzehnjährigen noch martialisch Pimpfengesänge schmetterten, verräterische Lieder, wonach »die Fahne mehr ist als der Tod«, und allen Nichtdeutschen gedroht wurde, »Heute gehört uns Deutschland und morgen die ganze Welt«, 1943 also, brüllten deutsche Männer, Erwachsene, im Berliner Sportpalast auf Goebbels' Wahnsinnsfrage »Wollt ihr den totalen Krieg?« ihr selbstmörderisches »Jaaa«! In Stalingrad endete die furchtbare Umklammerungsschlacht mit dem deutschen Fiasko ... Erstmals beriefen die Nazis Schüler zum Luftwaffenhelferdienst.

Obwohl sich der von Deutschland angezettelte Eroberungs- und Vernichtungskrieg längst zum mit Opfern übersäten Rückzugsmarsch aller deutschen Truppen gewendet hatte, hörten wir in der Schule tagtäglich weiter Ruhmesgeschichten und Aufmunterungsparolen ... Neben der Schultafel hing seit Kriegsbeginn eine große

Europakarte. Dort mussten wir jeden Tag nach den Sondermeldungen des Reichsrundfunks bunte Stecknadeln pinnen. So blickten wir jede Stunde auf das großartige Stecknadelgemälde, das bewies, wo unsere Soldaten überall stehen, wie weit es Kriegs-Deutschland schon gebracht hatte. Von der Normandie bis vor Moskau, von Afrika bis an den Nordpolrand, Deutschland, Deutschland über alles …

Wir galten als die Zukunft dieses Deutschlands, und unsere nächste Zukunft sollte sein, auf dem »Feld der Ehre« neue Taten zu vollbringen.

Dem widmete sich auch das Erziehungsmotto: Seid schnell wie Windhunde, zäh wie Leder und hart wie Kruppstahl. Das wurde uns eingeimpft bei Schulapellen, Jungvolk- und Hiltlerjugend-Aufmärschen, und Redner wiederholten es gebetsmühlenartig bei jeder Gelegenheit. Es tönte aus dem Radio. Es stand in den Zeitungen. Sport, gewöhnliches Sporttreiben priesen Ideologen als beste Vorbereitung für den Waffendienst. Als allerbeste die durch den Leistungssport. Krönend, so lautete eine logische Fortsetzung solcher Menschenverachtung und Menschenfeindlichkeit, sei der Jünglingstod fürs Vaterland … Das junge Geschlecht, das waren wir, vorgesehen als frisches Kanonenfutter.

... Ambitionierter Jungsportler

Hochfliegende Träume

Während der Cottbuser Schulzeit zählten mich die Lehrer zu den eifrigsten und manchmal auch zu den besten Sportlern. Einige hatten es gut verstanden, mein Sportinteresse zu wecken, meinen Ehrgeiz anzustacheln. So startete ich bei allen möglichen Leichtathletiksportfesten. Hochspringen und Diskuswerfen waren meine Spezialitäten.

Cornelius Cooper Johnson gewann 1936 bei den Olympischen Sommerspielen in Berlin die Hochsprung-Goldmedaille mit 2.03 m. Sein Landsmann David Albritton schnappte sich mit 2.00 m die Silbermedaille. Beide Amerikaner »rollten« über die Latte. Etwas total Neues, Überraschendes und Revolutionierendes. Bis dahin sprangen alle einen Scherstil. Davon gab es x Varianten. Jeder Hochspringer zimmerte seinen persönlichen. Ich kam damit als Zehnjähriger über 1.20 m. Im Olympiafilm erlebte ich dann diese verblüffende Demonstration der Berlin-Gewinner.

Fortan versuchte ich auch, dieses »Rollen« in den Griff zu kriegen. Mit vierzehn Jahren langte ich bei 1.50 m an, und als Sechzehnjähriger, kurz bevor andere Ereignisse böse Wenden schafften, kam ich noch auf 1.68 m. Das konnte sich sehen lassen. Ich träumte aber von den zwei Metern. In jenen Jahren hatten überhaupt erst zwei deutsche Hochspringer diese Höhe bewältigt, die heutzutage für Hunderte von Sechzehnjährigen zwischen Moskau und Los Angeles längst kein Traum mehr ist.

Ich könnte meine damaligen Träume noch heute exakt beschreiben: der federnde Anlauf, das Raunen eines imaginären Publikums, der explosive Absprung, das Querlegen zum Rollen, das Eintauchen in die Sandgrube, der donnernde Applaus von den Rängen ... Meist wurde ich an dieser Stelle hellwach, schreckte hoch, und Vater oder Mutter brummelten schlafverstört: »Aha, der Springer ist wieder mal gelandet ...«

Mit dem Fuß am Ball

Zum Hochspringen und Diskuswerfen kam noch das Fußballspielen. Cottbus und Fußball, das gehörte immer zusammen, und in dieser Zeit waren neben 98 Cottbus und 97 Cottbus Wacker Ströbitz, Union, Viktoria und Friesen die populärsten. Zeitweilig spielte der CSC Friesen auch in der Gauliga Berlin-Brandenburg mit, und dadurch sah ich Hertha und Wacker 04, den BSV 92 und Tennis Borussia ... Zehntausend säumten schon damals das Spielviereck an der Dresdner Straße, und meist gehörte ich – allerdings illegal – dazu. Wir hatten uns ein Zaunloch gebuddelt, das wir die Woche über mit Grasklumpen tarnten. Sonntags krochen wir dann durch und bestaunten die Einheimischen ...

Meine eigenen Kickervorstellungen müssen wohl nicht so eindrucksvoll gewesen sein. Ich wurde auf vielen Positionen getestet. Mal überraschte ich als Mittelstürmer, weil ich lang und steif wie eine Fahnenstange ein paar Flanken oder Eckbälle mit dem Kopf erwischte und die anderen »Tor« schreien konnten. Für vierzehn Tage galt ich dann als Kopfballspezialist, um nach Pleiten ebenso schnell verdammt zu werden. Das alles weckte frühzeitig in mir den Verdacht, der sich später bestätigen sollte. Wer in diesem Spiel alles ernst nimmt, ist selber schuld. Vor allem hing mir auch an, bei Zweikämpfen zu kneifen, nicht »die Knochen voll hinzuhalten«. Mit dieser Entdeckung lagen die Kritiker und Übungsleiter wohl nicht schief.

Vergebliche Liebesmüh

Bei der Leichtathletik fühlte ich mich immer besser aufgehoben, und da genoss ich auch einigen Erfolg. Zusätzlich kam ich in allerersten Pressekontakt. Unsere Heimatzeitung war in diesen Jahren der *Cottbuser Anzeiger*. Deren Redaktion befand sich in der Bahnhofstraße, und wenn ich dort vorbeipilgerte, las ich in den großen Schaukästen Sportberichte. Beim Schulsport warf ich, übrigens hinter der jetzigen Energie-Stadiontribüne und direkt vorm Spreeufer, mit 100-m-Schlagball Altersrekord. Ein Klassenkamerad überzeugte mich, das muss in die Zeitung. Wir verfassten beide einen knappen Bericht, natürlich mit meinem Namen als »Rekordinhaber«. Wir trauten uns aber nicht, diese Artikel-Erstgeburt zu unterzeichnen. Abends warfen wir den Ur-Bericht in den dicken Redaktionsbriefkasten. Da wir zu Haus keinen *Cottbuser Anzeiger* besaßen, musste ich in den folgenden Tagen immer wieder am Schaukasten vorbeischleichen, um zu gucken, kommt der Bericht oder kommt er nicht ... Er kam nicht. Wer weiß, warum. Meine Enttäuschung war aber ziemlich groß.

Schneegestöber

Das ist normal im Leben: Was man selbst nicht recht beherrscht, wird oft am stärksten bewundert. Für mich gilt das, nur unter anderem, auch für den Umgang mit Skiern. Als Jungen marschierten wir von Cottbus die knappen vier Kilometer bis Merzdorf. Dort beulte sich aus dem märkischen Kiefernwald ein winziger Buckel, den wir »Kahle Glatze« nannten. Ganz abgesehen davon, dass mir als Zehnjährigem damals dieser »weiße Schimmel« – die Tautologie kahl und Glatze, ein böser sprachlicher Schnitzer – nicht auffiel, baute ich genügend andere dort am Hang. Keiner purzelte so häufig wie ich. Immer wurde ich Letzter bei unseren Miniwettbewerben. Dabei rammten wir ein paar verbogene Bohnenstangen oder Wäschestützen in den Schnee – das waren unsere Slalomtore. Doch am winzigen Hügel, der nicht höher als ein Zweifamilienhaus über die Kiefernwipfel guckte, konnten höchstens drei Vertikale »ausgeflaggt« werden. Die bremsten dann auch so heftig, dass wir uns mehr im Schritt- als im Gleittempo »talwärts« bewegten. Dennoch: Ich hatte die Nase niemals vorn, sondern zumeist im Schnee. Mach einer was …

Dass Langlauf eigentlich besser sein könnte, darauf war ich damals nicht gekommen. Zumal der verpönt und anstrengend war, nach Schweiß roch, und weil Keuchen und Fluchen vermieden werden mussten, konsequent.

Im Engagement als
»Jugendlicher Held und Liebhaber«
am Stadttheater Cottbus, 1946/47

... Schauspieler

Erste Saat

Das Allerschönste wurden für mich auf der Mittel- und dann auf der Oberrealschule die Deutschstunden. Vor allem, weil ich mit den Deutschlehrern Riesenglück hatte. Sie verlangten mehr als sture Diktate und simple Aufsätze. Über alle notwendige Grammatik hinaus stießen sie Türen in die Muttersprachenwelt auf. Wir lasen laut Klassiker, rezitierten Szenen, und wir besuchten gemeinsam Aufführungen im Cottbuser Stadttheater. Heute ist es das Staatstheater des Landes Brandenburg, und dieses eine »a« mehr bedeutet viel ...

Damals, hochdroben in den letzten Reihen des zweiten Ranges, starrte ich mit heißem Kopf hinunter auf die Bretter, die für manchen die Welt bedeuten. Ich beschnupperte Neues, das mich anregte und verzauberte. Deklamierende Schauspieler, das bewegte mich wie andere Musik. Das vermittelten mir Deutschlehrer. Seither weiß ich, wie lebenswichtig sie sein können. Solche, wie ich sie glücklicherweise kennenlernte, wünsche ich allen Schülern.

Zwei Laibe Brot

»Dem Mimen flicht die Nachwelt keine Kränze«, behauptet Schiller, um fortzufahren, »drum muss er geizen mit der Gegenwart, den Augenblick, der sein ist, ganz erfüllen.« Wer getraut sich schon, Schiller zu widersprechen? Dennoch: Ich flechte allen Mimen allzu gern und immer meine kleinen Kränze. Jeden Schauspieler verehre ich, und nicht nur die Großen. Alle überall verlangen Respekt. Was das Schauspielersein am kleineren Theater bedeutet, lernte ich selber kennen. Manche geben dort ihr Herzblut ein Leben lang. »Hamlet« will überall geleistet sein, ob in Berlin oder Wien, in Annaberg-Buchholz, Neustrelitz oder Senftenberg.

Meine Karriere blieb kurz, aber sie war wichtig. Bevor ich jemals daran dachte, Sportreporter zu sein, peilte ich voller Lust und Überzeugung diesen Beruf an.

Den ersten Stachel setzten meine Deutschlehrer ... Oben, unterm Theaterdach hockend, und unten, auf der Bühne, Maria Stuart und Elisabeth, Faust und Mephisto beobachtend, lebte ich für Stunden in einer anderen Welt. Mit vierzehn, fünfzehn, sechzehn, bis mir Arbeitsdienst und Barras in die Quere kamen, versuchte ich möglichst viel zu sehen und zu erleben, was nach dem Portemonnaie möglich war.

Als die Chancen wuchsen, aus der Gefangenschaft entlassen zu werden und ins richtige Leben zurückzukehren, kam für mich nur eins in Frage, jetzt irgendwo und irgendwie ans Theater zu gelangen. Das löste eine verrückte Aktion aus. Alles Geld, das ich hatte und von Freunden hinzupumpte, steckte ich in eine Bewerbungsoffensive. Circa zwanzig deutsche Theater erhielten meine Briefe. Inhalt: Ich bin der und der, achtzehn Jahre alt, bitte um ein Vorsprechen und, schön wäre ein Anfänger-Engagement, und nach Möglichkeit die Ausbildung an einer angeschlossenen Schauspielschule.

Bald merkte ich, alles auf einmal war zu viel verlangt. Absage auf Absage traf ein, und mein Optimismus flaute ab ... Später, als klar war, ich kann nach Haus, konzentrierte ich alle Versuche auf das heimatliche Cottbuser

Stadttheater. Im Herbst 1946 begann dort meine Arbeit als Schauspielanfänger und Regie-Assistent. Für diese Tätigkeit wurden mir vertraglich achtzig Mark zugesichert.

Achtzig Mark. Mein erstes selbstverdientes Geld, nach Arbeitsdienst und Marine-Sold. Ich war selig. Zumindest einen Monat lang. Den hatte ich mit Vorschuss überstanden. Vorschüsse, wie ich schnell erfuhr, waren ganz und gar theaterüblich. Auch die Bestbezahlten nahmen das in Anspruch. Doch ich stand nun sofort in der Kreide, und das bei nur schwacher Aussicht, aus dem schwarzen Loch wieder herauszukommen. Ein Brot kostete auf dem florierenden Schwarzmarkt vierzig Mark. Demnach verdiente ich zwei Brote pro Monat ...

Endlich am Theater

Alles Schwierige wurde überstrahlt von der Tatsache, dass ich endlich am Theater war. Leider fungierte ich häufig nur als Ersatzmann. Ich studierte und probte zwar den Mortimer in »Maria Stuart«, den Schüler im »Faust«, aber zum Zuge kam immer ein Kollege, drei Jahre älter, erfahrener und, aus heutiger Sicht, bestimmt auch besser. Meine Hoffnung hieß Abwarten und – peinlich, das auszusprechen – Daumendrücken, den anderen würde ein Schnupfen, eine Heiserkeit, um Himmels willen aber nichts Schlimmes, außer Form bringen, damit ich endlich einspringen könnte. Es passierte nie. So blieb es bei den Märchenprinzen, beim Erzengel Gabriel im Himmelsprolog zum »Faust«, beim Ullbrich in »Flitterwochen«, wobei Walter Richter-Reinick den anderen Liebhaber spielte, und ähnlichen

Partien. Viel Arbeit und gewaltige Lernchancen boten aber die Regie-Assistenz, die Sprecherziehung bei Hans-Erich Korbschmidt, und ein unvergesslicher Vorfall mit Fingerzeig fürs Leben. Wie heißt es: Nie lernt man mehr als aus Niederlagen.

Premierenpleite

Hauptgrund für mich, diesen Weg zu verlassen, war das wenige Geld. Mit achtzig Mark konnte ich nichts anfangen, konnte mir weder Kleidung kaufen, noch reichte es für Essen und Trinken. So konnte es nicht weitergehen, das sah ich ein.

Und ich habe nicht gebrannt. Ich habe es gern gemacht, aber ich habe gespürt, das ist nicht das Ding für mich. Das eigentlich Entscheidende war: Fremde Texte aufzunehmen und wiederzugeben, wobei ein Regisseur dir sagt, wie du das zu machen hast, das war nichts für mich. Ich kam mir vor wie ein Wiederkäuer, konnte es nicht als etwas Eigenes empfinden. So gesehen kam zum rechten Zeitpunkt mein großer Reinfall in Cottbus ... die Premiere des Stückes »Der Patriot«.

Wir haben seinerzeit im Osten oft Friedrich Wolf gespielt, Kommunist, kluger, intelligenter Mann. Sein »Professor Mamlock«, ein ergreifendes Stück und eines der ersten über die Judenverfolgung, wurde in der DDR zu Recht Schulstoff. Aber nun »Der Patriot«. Patrioten. Er meinte die Widerstandskämpfer in der Zeit des Dritten Reiches. Über die Qualität des Stückes urteile ich nicht. Aber über mich. Am Premierenabend also kam ich ins Theater, gedachte, meine kleine Rolle – die eines jungen Mannes in der französischen Résistance – ordentlich zu spielen, eben so, wie wir sie geprobt hatten. Da eilte mir ein Mitarbeiter entgegen und teilte aufgeregt mit, ich solle mich sofort beim Intendanten melden. Dort bekam ich einen Text, den ich in den knapp zwei Stunden, die es noch bis zur Aufführung waren, lernen sollte. Zwei, drei Schreibmaschinenseiten Prosa, geschrieben von einem angetrunkenen Autor, dem berühmten Friedrich Wolf. Wie ich später erfuhr, hatte er bei seiner Anreise zur Premiere, vorn neben dem Fahrer sitzend, was in seine Reiseschreibmaschine getippt, jemand hatte mit Bleistift noch ein paar Striche gemacht, und so wurde mir das gegeben ... Dann, das Theater war voll besetzt, die drei Klingelzeichen verklungen, das Saallicht erloschen, schickte mich unser Inspizient mit einem »Ab geht die Post« aus der Seitengasse auf die Bühne. Ich allein. Vor mir siebenhundert Leute. Ein Spotscheinwerfer nahm mich aufs Korn. Wie hinter einem Schleier erkannte ich in den ersten drei, vier Reihen Gesichter, und aus dem Souffleurkasten hörte ich, wie aus weiter Ferne, die Stimme Gertruds. Gertrud, einst Schauspielerin, zählte zu den nettesten Damen des Ensembles. Und auch an diesem Welturaufführungsabend gab sie ihr Bestes. Meines reichte aber nicht aus.

Was mich in der Schule und bei den Rezitatorenwettbewerben überhaupt nicht anfocht, überfiel mich nun brutal. Ich schwitzte. Ich rang nach Luft. Alle Atemtechnik-Neuerkenntnisse halfen nicht eine Minilaus. Die ersten Wolf-Sätze brachte ich noch einigermaßen über die Rampe. Gertrud warf mir dann Wörterrettungsringe zu. Ich konnte nicht einen einzigen fangen. Dafür gebar ich in der Lampenfiebernot wilde, wirre Satzerfindungen. »Frieden muss einkehren und erhalten bleiben,

Widerstand war Heldentum, alle Welt muss nun zusammenstehen, Patrioten, seid gegrüßt …« Papperlapapp, Abtreterdeutsch. Wolfsche Restbestände, durchtränkt vom Angstschweiß eines Bühnenfasttoten …

Das Publikum reagierte null Komma null. Weder Jubel noch Pfiffe, nicht mal ein Grummeln. Sie nahmen das hin, wohl weil sie dachten, alles, was der da erzählt, ist vom Dichter vorgegeben. Aber ich hatte, wie gesagt, nach drei, vier Sätzen die Spur verloren. Immerhin wusste ich, dass es um Krieg und Frieden ging. Da habe ich selber einen Text gemacht – ganz simple Worthülsen in der Art, dass wir alle nach dem Debakel des Krieges daran denken sollten, dass jetzt Frieden herrscht. Und Frieden soll sein. Ich habe mir was zusammengesponnen, ein paar Sätze gesprochen, irgendwann brach ich ab. Aus dem Chaos flüchtend, stürzte ich in die Bühnengasse und sofort auf die nächste Toilette. Ich wusste, das ist das Ende. Das muss es sein. Morgen kriege ich die Papiere. Doch nichts geschah. Hinter der Bühne hatte jeder mit sich zu tun. Auf der Bühne ohnehin. Aber wo blieben der Intendant oder einer seiner Beauftragten? Wo war Wolf? Der berühmte Dramatiker, der Prologverfasser, geschändet durch mich …

Am nächsten Tag, nach einer schlaflosen Nacht, stellte sich heraus: Intendant, Dichter und der sowjetische Stadtkommandant, ein Freund der Künste und der Prozente, zechten bis zum Schlussbeifall. Doch nicht in der Intendantenloge, sondern im Büro. Wodka, Machorka und Speckbrote machten sie glücklich, während ich ums Überleben kämpfte. Nur eine Person bemerkte wirklich, was da geschah, Gertrud. Doch sie hielt dicht …

Abschied vom Theater

Solche Erlebnisse brachten mir schließlich die Gewissheit, dass hier nicht der richtige Platz für mich war. Hinzu kam noch meine Ungeduld. Ich wollte an größere Rollen ran, auch wenn ich die sicherlich noch gar nicht bewältigen konnte. Aber kennst du einen jungen Schauspieler, der sich nicht alles zutraut?

Also ich litt, wie viele in dem Alter und Berufsstadium, an ausgeprägter Selbstüberschätzung. Das kollidiert natürlich mit der Chef- oder Leitungsmeinung. Und dann, ganz ehrlich, brauchte ich mehr Geld. Achtzig Mark im Monat reichten vorne und hinten nicht. Zwar stellte man mir nach vorsichtigem Fragen bald hundert Mark in Aussicht, doch ich lag Vater und Mutter auf der Tasche, wohnte und aß bei ihnen für Nullouvert. Das konnte so nicht weitergehen. Dazu gesellte sich die Flüsterpropaganda, als Lehrer erhält man zwischen dreihundert und vierhundert Mark, und das verhieß, was der Milchmann Tevje im »Fiedler auf dem Dach« singt: »Wenn ich einmal reich wär ...«

So geschah's in Senftenberg. Wir spielten Klabunds »XYZ«. Gastspiele quer durch die Lausitz gehörten zu den Aufgaben, und oft galt als Abendgage sehr Naturelles. Mit »Flitterwochen« traten wir beispielsweise in Spreewaldorten an, und einmal kassierte ich einen Korb Pilze, mal ein Stück Butter, und in Burg, ich sehe den Dorfsaal noch vor mir, brachte uns mit dem Schlussapplaus eine hübsche Sorbin Gurkengläser auf die Bühne. Nun, im Senftenberger Nachtquartier, Gorki hätte es als ideale Bühnenbild-Vorlage empfunden, beschloss ich im Freundesgespräch, ich mache Schluss.

Als Neulehrer am
Cottbusser Gymnasium,
1948

... Lehrer

Neue Aussichten

Wieder war es einer dieser Zufälle, dass ich einen alten Schulfreund traf, und der erzählte mir, dass Lehrer gesucht würden. Du, da gibt es Geld zu verdienen, sagte er, man kriegt am Anfang schon zwei-, dreihundert und dann schnell vierhundert Mark. Da ich inzwischen in einem Alter war, in dem man mehr eigene Ansprüche stellt, dachte ich, das könnte gut passen. Ich habe mich gemeldet und kam an das Lehrerseminar nach Cottbus. Die dort saßen, hatten schon drei, vier Monate Unterricht gehabt, aber ich wurde aufgenommen und war in diesem Kreis einer der Eloquentesten. Auch der Dozent fand an meinem Sprechen und Können Gefallen, er unterstützte mich und sagte: Ja, ja, Sie bestehen in jedem Fall bei uns. Und er half mir auch, als ich eine Russischprüfung ablegen musste. Ich hatte nichts gelernt, war ganz faul, habe vom Nachbarn nicht abgeschrieben, sondern abgemalt, siebenundvierzig Fehler abgemalt, aber ich bestand. Auch in Russisch ... Lehrer wurden gebraucht. Und da nahmen sie dann auch solche wie mich.

Neuer Irrtum

Eines wurde mir damals ganz schnell deutlich: Der flotte Spruch, Lehrer haben vormittags recht und nachmittags frei, klingt zwar gut, ist aber falsch. Schön wär's gewesen. Fortbildungen, oft an den Wochenenden, und vor allem die schriftlichen Vorbereitungen, vom jeweiligen Mentor überprüft, kosteten viel Zeit ...

Von Pestalozzi wusste ich nur, nicht weit weg von unserer Sielower Straße im Cottbuser Norden gibt es eine Pestalozzistraße. Basedow sagte mir leider überhaupt nichts. Und GutsMuths, tja, der war mir wohl so fern wie der Thüringer Wald. Blieb Makarenko. Der galt als der Sowjetstern unter den Neu-Lehrmeistern aller Pädagogik, und obwohl wir auch von dem nur Titel und Dogma-Thesen eingetrichtert bekamen, sollten wir nach seinem Muster lehren, jungen Nachkriegsmenschen den »Weg ins Leben« weisen. Wir, die Neulehrer. Einer davon war ich, einundzwanzig Jahre alt.

Viel zu tun

Ich wurde Klassenlehrer, erst einer sechsten, dann einer siebten Klasse. Es war für die Schüler geradezu eine Erlösung, dass ein Jüngerer kam. Die Ältesten, die Abiturienten, waren fast so alt wie ich. Einige waren gerade erst aus der Kriegsgefangenschaft gekommen. Ich sagte zu ihnen: Wissen Sie, ich schlage vor, wir duzen uns, ich bin nur ganz gering älter, als Sie es sind, und ich will Ihnen vermitteln, was ich kann und weiß. Wer damit einverstanden ist – in Ordnung, und wer nicht, muss es hinnehmen oder macht sonst was. Es waren lockere Verhältnisse, und das hat mir gefallen und mir auch geholfen. Die althergebrachte Hierarchie existierte nicht mehr, neue Strukturen hatten sich noch nicht gefestigt, es war ja doch noch immer unmittelbare Nachkriegszeit. Die Kinder, die Schüler freuten sich immer schon, wenn ich kam, weil sie wussten, jetzt passiert etwas, jetzt wird nicht trockener Lehrstoff referiert. Im Sportunterricht konnte ich mit den Jungs voll mithalten. Ob beim Schulhof-Fußball oder Völkerball, wenn ich Grundbegriffe des Boxens vermittelte. Das schuf ein prima Verhältnis. Höhepunkte wurden Vergleiche mit anderen Schulen. Im Cottbuser Süden war mein Schulfreund Oskar Klose Sportlehrer, und Partien mit den Oskar-Schüler gegen Florians lagen nahe. Heiß und hoch ging's her. Dauerhafte Revanchen boten sich an. Oft wichen wir dadurch Konferenzen oder Sitzungen und Versammlungen aus. Weil Oskar Klose bei Cottbus-Ost, dem Brandenburgischen Fußball-Landesmeister, Mittelstürmer spielte, genoss er spezielle Schüler-Sympathien ...

Das muss mal gesagt sein

Jedem Lehrer gilt meine Hochachtung. Seit ich weiß, wie das ist, nach dem »Guten Morgen« Kindern, Schülern mehr zu bieten als trockenen Stoff, sie tagtäglich fürs Leben zu begeistern, schätze ich alle Pestalozzis und Basedows.

Gelernt fürs leben

Die Lehrer-Zeit blieb ein Zwischenspiel, aber es war eine gute Zeit. Nützlich in einigem und bis heute lehrreich. Schüler von damals, inzwischen auch schon alle jenseits der Fünfzig, schreiben noch heute Briefe aus Mainz und Leipzig, Rostock und München. Als aber die Sportaufgaben dazukamen, die Arbeit nach der Schule im Rundfunkstudio Cottbus, noch etwas später die Reportagefahrten durchs Lausitzland und die am Wochenende nach Berlin, ging es für mich fast drunter und drüber.

Schulalltag

Das war 1949. An einem Morgen unter tausend.

Meine Mutter legt das kleine Stullenpäckchen auf den Wohnzimmertisch. »Los, Junge! Na mach schon! Wieder allerhöchste Zeit ...«

Donnerwetter noch mal, schon wieder kurz vor dreiviertel acht! Was soll man nur machen? Es ist jeden Morgen die gleiche Krankheit: chronischer Zeitmangel. Das muss endlich anders werden! (Mindestens mein hundertster Schwur.) Vernünftiger wäre es jedenfalls, eine Viertelstunde früher aufzustehen, alles in Ruhe zu tun, sich in aller Gemütlichkeit zu rasieren, dabei Radio zu hören ...

Mein »Philosophieren« wird unterbrochen. Abermals drängelt Mutter: »Beeil dich doch! Die Schule wartet ...«

Das stimmt allerdings.

Endlich geht die Post ab! Da ist die Schultasche voll korrigierter Hefte, und runter geht es die Treppen.

Jeden Morgen marschiere ich zur Schule. Es macht Freude, den kleinen und großen Burschen solch ein Lehrer zu sein, wie man ihn sich selbst vor Jahren immer gewünscht hat. Mein Stundenplan bewegt sich zwischen viel Sport und ein wenig Mathematik, dazu noch Physik und Biologie. Eine gute Mischung! Auch das Leben ist ja nicht einseitig, und die Welt besteht nicht nur aus Sport.

Und die Jungen? Ein paar Mädel, halbe Jungen, sind auch dabei. Alle machen mit. Was will ich eigentlich mehr? Selten gibt es Ärger, denn die Klasse weiß, was ich will, und ich weiß, was sie will. Wir stehen zueinander wie eine Mannschaft zu ihrem Trainer. Und dass

Spaß und Freude zum »Training« gehören, weiß ich am besten aus der eigenen Schulzeit. Also heißt die Parole: Lieber ein bisschen zu viel Spaß als zu wenig. Gelernt wird trotzdem, oder gerade deshalb ...

Ich bin auf der »Zielgeraden«. Noch 400 Meter bis zur Schultür. Endspurt!

Es ist jeden Morgen dasselbe: viel Hast und viel Freude. Dennoch, das Richtige ist es nicht für mich. Ich wollte immer Reporter werden. Reporter beim Rundfunk, vor allem für Sport. Lehrer ist ganz gewiss in unserem Staat eine schöne, verantwortungsvolle Aufgabe, der Lehrermangel ist auch noch sehr groß. Und dennoch – ich muss Reporter werden! Sicher – so glaube ich jedenfalls – könnte ich dabei noch Besseres leisten.

Die Anfänge
als Radio-Reporter

Erste Höhenflüge

Mit knapp neunzehn Jahren kehrte ich aus dem Krieg nach Hause zurück. Meinem Wunsch, Rundfunkreporter zu werden, stand viel, noch viel zu viel entgegen. Dieser Wunsch war schon in der Schulzeit gewachsen. Er wurde geweckt durch erste Radioeindrücke, durch das persönliche Sporttreiben und durch ziemlich gute Deutschleistungen. Resultate in Rezitatorenwettbewerben, Mitwirken in Schulaufführungen, das Lesen der Sportberichte trugen dazu bei. Vor allem aber auch das »Anfeuern« meiner Klassenkameraden und Freunde, die immer wieder forderten: »Los, erzähl, mach eine Reportage!«

Dann legte ich los! Ich ließ Jesse Owens gegen die anderen Berliner 100-Meter-Finalisten der Olympischen Spiele von 1936 flitzen, den kleinen Japaner Murakoso über 10 000 Meter einen verzweifelten Kampf gegen die Übermacht der drei Finnen Salminen, Askola und Iso-Hollo führen, schilderte mit geschlossenen Augen, wie Johnson, Albritton, die langen, geschmeidigen Afroamerikaner, bei 2,03 Meter über die Latte rollten, ließ Lehner und Szepan Tor auf Tor schießen, erfand aber auch völlig fiktive Vergleiche und Rennen, in denen sich die Ereignisse derart überschlugen, dass meine Zuhörer in der Schulstundenpause oder nachmittags am Stadionrand Mund und Nase aufsperrten. Erst der energische Lehrer- oder Trainerauftritt brach solche »Übertragungen« ab ...

Zufälle

Beim »Dickbäuchigen« – Sie erinnern sich?, der Cottbuser Turm! – hatte ich auch eine Begegnung, die so vieles veränderte und mich auf neue Pfade führte ... Im Herbst 1949 lief mir ein alter Schulfreund über den Weg. Wir hatten uns lange nicht gesehen. Nun brachte er diese Neuigkeit: »Du, für kommenden Sonntag suchen die einen Reporter. Irgendetwas vom Sport soll übertragen werden. Cottbus besitzt jetzt ein Rundfunkstudio. Das gehört zum Landessender Potsdam, und der ist das Radio vom Land Brandenburg ...«

Seither frage ich mich immer wieder, was wäre geworden, wenn es nicht jenen Zufallstreff gegeben hätte, wenn dieser Schulfreund nicht mich, sondern irgendeinen anderen informiert hätte? Lebenskonjunktive!

Start!

Es ging um ein Spiel. Ein Handballspiel. Eines für Frauen und um die Brandenburgische Landesmeisterschaft. Im Feldhandball, den heute kaum noch jemand kennt. Handballerinnen aus Luckenwalde und Spremberg trafen sich im Cottbuser Stadion an der Spree, später Stadion der Freundschaft.

Keine der damals Beteiligten wird mir böse sein, wenn ich heute schreibe: Viel war nicht los. Aber, Herrgottnochmal, schließlich war es auch die Zeit der Lebensmittelkarten, der immer noch dünnen Wassersuppen, schlechten Kleidung, alten Schuhe und abgenutzten Bälle. Und Petrus spielte auch nicht mit. Statt Streicheleinheiten der Sonne schickte er Regen. Keine hundert

Zuschauer verloren sich im tristen Rund. Ein ziemlich miserabler Tag, dieser erste Reportertag meines Lebens.

Mir kam auch noch anderes in die Quere. Die Zufallsdramaturgie, die sonst den Sport und die Sportberichterstattung so spannend macht, ließ mich total im Stich. Es fiel nur ein Tor – und das beim Handball. Zu allem Pech kassierte dieses Tor die Spremberger Mannschaft bereits in der dritten Spielminute. Ich sollte, musste doch aber die letzten Minuten schildern. Da war schon lange alles nur noch Schweigen. Was ich sprach? Keine Ahnung mehr. Ich redete und redete, wie um mein Leben. Dabei, das habe ich nicht vergessen, hoffte ich immer auf das Wunder weiterer Tore. Das hätte wenigstens etwas Trubel und Hallo gebracht. Nichts da. Luckenwaldes Frauen wurden Landesmeister. Mit 1:0.

Ich hatte wohl auch mit dem knappsten aller Resultate gewonnen, denn mein Band wurde tatsächlich gesendet. Vielleicht, vielleicht hat es sogar irgendjemand zwischen Kiekebusch und Himmelpfort gehört.

So oder so, ob ein Hörer oder hunderttausend, an diesem Herbsttag buddelte ich die Startlöcher meiner Reporterlaufbahn. Ich war knapp zweiundzwanzig Jahre alt und überzeugt, jetzt beginnt das richtige Leben.

Studio Cottbus

Die folgende Station gehört zu den allerschönsten, aufregendsten, spannendsten. Alles entwickelte sich zu einer Entdeckungsreise: Die neue Arbeit, die Menschen, das geheimnisvolle Haus. Früher war dort die Freimaurerloge. Als Kinder besaßen wir nicht den Hauch von Ahnung, was sich dahinter verbergen könnte, was das bedeutet. Wir umkurvten das wuchtige dunkle Gebäude und flüsterten uns erfundene Geschichten zu.

Nun ging ich dort plötzlich aus und ein.

Ich gehörte zum lebenden Inventar. In der oberen Etage saß die Redaktion, und dort waren auch alle technischen Einrichtungen installiert. Rudi Marx war unser Cheftechniker. Der Einzige, der Durchblick besaß, der alle Regler regelte und den altklapprigen, sogenannten Ü-Wagen beherrschte ...

Nach meiner Premierenreportage wurde ich ins winzige Team aufgenommen. Dort genoss ich ein ideales Lehrjahr. Täglich, neben meiner Lehrerarbeit, sauste ich quer durch Cottbus ins Studio. Nach der Lehrplanerfüllung folgte die Reporter-Tätigkeit, wobei ich Mädchen, besser, Bursche für alles war.

Punkt vierzehn Uhr begann unsere einstündige Eigensendung, die den bombastischen Titel »Der Funkstrahl aus Cottbus! Zwischen Gestern und Morgen!« trug. Das konnte sich hören lassen! Ob uns wirklich jemand hörte, blieb in den ersten Monaten unklar. Unser »Strahl« träufelte nämlich nur durch ein Cottbuser Drahtfunknetz. Das bedeutete, wenn, dann hatten nur Telefonbesitzer eine Empfangschance. Mich störte das jedoch nicht. Alles, was ich machte, tat ich so eifrig, so emsig, so engagiert, als hörten uns Hunderttausende.

Als wir eine Wellenfrequenz erhielten, folgte auch die Resonanz. Wie seit Ur-Rundfunkzeiten wurde sie auch von uns, es war 1949, mit Quizsendungen und mit Hörerspielen angeheizt. Nur die Preise unterschieden sich von heutigen wie Tag und Nacht. Ein Gewinngutschein für ein HO-Essen galt schon als etwas Tolles, na, und zwei Theaterfreikarten waren der Spitzengewinn ...

Frei Sprechen, frei Mitdenken waren uns Damaligen erste Pflicht und höchster Sprecherstolz. Improvisieren war Trumpf. Das Magazin enthielt vier, fünf Wortbeiträge für die Stunde, und jeder einzelne besaß meist Drei-Minuten-Länge. Etwas vom Theater, aus der Wirtschaft und Landwirtschaft sowie vom Sport. Und das wurde zunächst rund um Cottbus, später überall in der Lausitz aufgenommen. Mit dem Hanomag knatterten wir über die Dörfer, besuchten kleinere und größere Städte, Vetschau, Forst, Luckau, Guben, Senftenberg, Lübbenau ... Dort kannte ich bald Hinz und Kunz.

So passierte es auch, dass ich oft eigene Bänder »anmoderierte«, zu den Musiktiteln, Schlagern von 1949, überleitete, Heimatnachrichten vorlas, Programmhinweise gab. Ich lernte Radioarbeit von der Pieke auf und aus dem Effeff. Die herrlichste Lehrzeit, die es geben konnte.

Krimi? Nein danke

Die Ereignisse jagen sich. Unser Funkbetrieb ist klein, aber es ist trotzdem ein richtiger Funkbetrieb. Täglich gibt es Neues zu sehen, zu sprechen, zu lernen.

Cottbus hat gerade eine Landwirtschaftsausstellung. Jeden Tag rollen wir dort unsere Kabel aus und erforschen die Geheimnisse der Kühe, Schafe, Pferde und Hühner.

Gestern habe ich dabei meine erste Reportage fabriziert, die nicht gesendet wurde. Ich sollte mit einem Meisterbauern im Zelt der Zuchtkühe ein Gespräch führen. Die Kabel schlängelten sich durch einen langen, strohbedeckten Gang. In den Boxen blökten die

Buntschecken. Plötzlich gab es am anderen Ende einen Auflauf. Ich stürzte sofort hinüber. Junge, das war eine Bescherung! Eine hübsche Bescherung: Ein Kälbchen erblickte eben das Licht der halbdunklen Zeltwelt. Sofort hatte ich auch zu sprechen begonnen: dort die Kuh-Mutter Anna, ein Schild über der Box erläutert den Stammbaum, hier das Baby, die Besucher, die plötzlich zu Augenzeugen dieser Geburt wurden. Ich sprach, und es war ein richtiger Reporterschuss, der – leider nicht ins Schwarze traf.

»Ganz gut, auch nicht uninteressant, aber zu sehr auf Kriminalstory im Halbdunkel, Schatten und Blut. Es kommt einem das Gruseln ...« So starb die Geburtsreportage im Papierkorb des Landessenders Potsdam.

Dorfgeschichten

Als Cottbus-Potsdamer Radiolehrling lernte ich jedes Dorf im Pott kennen. Alles, was traditionell dort der Sport zu bieten hatte, war mir geläufig, und nichts ist vergessen. Briesker Fußball, Radballer aus Freienhufen und Großkoschen, Boxer aus Senftenberg und Leichtathleten dazu, Radrennfahrer, speziell Crosskönner, aus Annahütte, dem Karnevalsort, und Schipkau, Klettwitz, Hörlitz, was nun Zentrum des Autodroms ist.

Hunderte Geschichten drängen sich auf, damals als Brandenburger Radioreporter mit wackligem Uralt-Ü-Wagen erlebt, und zig Namen fallen mir wieder ein, die allesamt Landschaft und Menschen kennzeichnen. Knappe Proben: Wie schon erwähnt, Brieskes gelbschwarz gekleidete Fußballknappen, einmal DDR-Vizemeister mit Henschel, Ratsch, Auras, Weist,

Schwandt ..., Ulrike Bruns-Klapezynski, die aus Drebkau kam und bei den Olympischen Spielen 1976 in Montreal dann Bronze über 1500 Meter gewann. Gunhild Hoffmeister aus dem Kohleort Welzow, wo noch mein Großvater Max Bombeck um die Jahrhundertwende unter Tage arbeitete, die in München und Montreal, 1972 und 1976, wie Ulrike über 1500 Meter und auch über 800 Meter Medaillen erstritt, zweimal Silber und Bronze. Lutz Heßlich aus dem kleinen Schraden bei Lauchhammer, Mehrfach-Sprintradweltmeister und zweimal Olympiasieger. Hans-Joachim Hartnick aus Wormlage, Friedensfahrtgewinner und später Frauen-Bundestrainer. Das muss genügen ... Es beweist, faustdick, in diesem Brandenburg lebte immer der Sport, großer und kleiner, und er lockte Zehntausende wie ein Magnet.

Das Haus in der Masurenallee

Meine Favoriten von damals gehörten zur RBT-Bigband, dem Radio-Berlin-Tanzorchester, das im Funkhaus an der Masurenallee sein Zuhause hatte ... Jeden Sonntagvormittag veranstaltete das Orchester im Großen Sendesaal des Berliner Rundfunk-Hauses, vis-à-vis vom alten Funkturm an den Messehallen, eine Matinee. Die wurde live übertragen, und einer der vielen, vielen Hörer war ich am noch intakten Volksempfänger meiner Eltern. Ich kannte jeden Schlager, und speziell Bully Buhlans »Verzeihen Sie, mein Herr, fährt dieser Zug nach Kötschenbroda?« oder »Ich hab noch einen Koffer in Berlin« waren meine Favoriten ... Bully Buhlan galt für ein Jahrzehnt als Urbegriff des aktuellen Radios in Berlin, und ähnliche Ränge nahmen vielleicht noch

Jürgen Graf und der famose Hans Rosenthal, beide vom RIAS, ein. Jawohl, zu dieser Zeit war was los in der Radiostadt Berlin …

Als mich Herbert Schmidt, der Sportabteilungsleiter im Funkhaus Masurenallee, 1950 nach Berlin holte, konnte ich mir auch diesen großen Wunsch erfüllen: RBT-Asse direkt im Sendesaal zu erleben. Schmidt verfolgte meine Cottbuser und Potsdamer Arbeit, und da er Boxanhänger war, und weil es inzwischen einen Cottbuser Klasseboxer namens Hans Robak gab, der fünfmal DDR-Meister wurde, geriet das für mich zu einer glücklichen Verbindung. Aufnahmen der Robak-Kämpfe gingen als Überspiele nach Berlin und von dort über die Berliner Rundfunkwellen. Das alles muss nicht schlecht gewesen sein, denn nun durfte ich jedes Wochenende nach Berlin, um für die Schmidt-Abteilung zu reportieren.

Vor allem Fußball stand auf dem Einsatzprogramm; ich schilderte Partien in Pankow-Schönholz beim VfB, bei »Eisern« Union an der Alten Försterei, im Poststadion, bei Te-Be im Mommsenstadion, bei Wacker 04 und dem BSV 92. Manchmal schickte mich die Redaktion auch in die Messehallen am Funkturm, und andermal schummelte ich mich mit auf einen Waldbühnenplatz, wenn Rux und Hucks, Garmeister, Pepper, Hecht und Stretz die Fäuste schwangen.

In der Kantine staunte ich, weil dort in zwei Währungen – West und Ost – zu bezahlen war, und überhaupt wurde es für mich, den Provinzler, eine tolle Entdeckungszeit. Zur Sportredaktion gehörten gute, erfahrene Leute. Nach meinen Cottbuser und Potsdamer Eindrücken sammelte ich neue …

Einen wertvollen Höhepunkt lieferte der Redaktion, aber speziell mir, das 1. FDGB-Pokalendspiel am 3. September 1950. Im Berliner Stadion Mitte, später Stadion der Weltjugend, trafen sich die Mannschaften aus Thale und Erfurt. Weil die Partie in Berlin ausgetragen wurde, galt der Berliner Rundfunk als Hörfunkgastgeber und durfte einen Reporter stellen. Schmidt bestimmte mich. Da aber zwei Teams aus dem mitteldeutschen Raum antraten, gehörte dem MDR Leipzig die andere Sprecherposition. So lernte ich Werner Eberhardt kennen. Zum ersten Mal schüttelten wir uns die Hände. Mit 4:0 für Thale gab's ein verblüffendes Resultat. Für alle Fachleute nämlich nahm Erfurt die Favoritenrolle ein. Aber, wie heißt es, erstens kommt es anders und zweitens als man denkt …

In jenem Jahr gab's aber noch ein anderes Fußballvergnügen. Für den Berliner Rundfunk organisierte ich in Cottbus ein Prominentenspiel. BR gegen »Tinte-Schminke – Bier«. Bei uns stand Hans Pitra, der unvergessene Intendant des Metropoltheaters, im Tor. Er war ein verrückter Fußballfan. Arno Kölblin, Boxer und Trainer, wirkte als Verteidigungsrammbock. Rudi Kirchhoff, das Straßenradsportunikum, flitzte als Außenstürmer die Linien lang, und Bernd Golonski schmetterte diesmal keine Schlager, sondern meinen Cottbusern zwei Treffer ins Tor. Für Herbert Schmidt und mich am Unterhaltermikrofon, und für die Dreitausend auf den Traversen wurde das 6:6 ein Riesenspaß.

Berichterstattung von
den Olympischen Spielen
in Montreal, 1976

… Sportreporter

Training

Bestimmt hat es fast jeder im Bummelzug zwischen Cottbus und Königs Wusterhausen bemerkt. Meist waren es nur zwanzig oder dreißig Verschlafene, die sich früh um fünf Uhr mit mir in die alte Dampflok-Vehikelkette hievten. In einem der leeren Abteile, Nichtraucher, zweiter Klasse, versuchte sich ein junger Bursche an dem, was er immer tat – er sprach. Ich trainierte Reportieren.

Vorbeihuschende Heuschober zwischen Vetschau und Lübbenau, Spreewaldstörche zwischen Lübbenau und Lübben, die märkische Heide von Oderin, Halbe bis Groß-Köris, alles, was mir vor die Pupillen kam, erhielt meinen Beschreibungsversuch. Manchmal hörte mir der Zeitungsverkäufer, der immer in Köris ausstieg, zu, denn ihm, der so früh noch kein richtiges Geschäft machen konnte, vertrieb ich die Langeweile. Später, als mich mancher schon aus dem Radio kannte, klopfte er mir wie ein Verbündeter auf die Schulter: »Mensch, ich freue mich mit. Das hat sich doch gelohnt …«

Im Laufe der Jahre, von 1950 bis 1956, ging das immer so weiter. Zigmal, Hunderte Male vielleicht, zuckelte ich vom alten Zuhause nach Berlin. Königs Wusterhausen raus, rein in die S-Bahn, und dann nach dort oder dort. Unterwegs kannte ich bald jeden Baum und Strauch. Ich redete und redete, suchte nach möglichst neuen Wörtern und Bildern und erschreckte die, die das WC aufsuchten oder aus einem anderen Grund durch mein Abteil stolperten.

Etwa ab Sommer 1957 quasselte ich dann mein erstes Auto und später alle folgenden voll. Ein paarmal – aber wirklich selten – zeigte mir ein Vorbeirauschender den Vogel. He, Spinner, mag er gedacht haben, was ist los mit dir, achte lieber auf den Verkehr ... Was ich auch tat.

Übrigens, ich halte das bis heute durch. Noch immer, wenn sich die Gelegenheit bietet, häufig zwangsweise im Stau, spreche ich. Jetzt sind es seltener Schilderungen, sondern meist reine Sprechübungen. Babebibobubeibaubeu, dadedidodudeidaudeu ... oder ich deklamiere vor zig Jahren einstudierte Rollentexte.

Nalepastraße

Was ihr Name bedeutet, nach wem sie benannt ist? Das erfuhr ich erst spät: nach dem Färbereibesitzer Paul Nalepa. Bekannt wurde sie jedenfalls durch den Rundfunk, der sich dort Anfang der Fünfziger einquartierte und vom Provisorium zum Großprojekt wuchs. Inmitten von Kleingarten- und Industrieanlagen, direkt am idyllischen Ufer der Spree, war es vielleicht eine der merkwürdigsten Radio-Einrichtungen der Welt. Knapp vierzig Jahre aber lebten wir an diesem Ort ein hochinteressantes Rundfunkleben.

Dass es dazu kam, hat wieder seine spezielle Geschichte. Eine politische, wie meist im Leben. In Kürze geschildert, passierte Folgendes: Fünf Jahre nach dem Irrsinnskrieg grummelte es schon wieder. Die im Krieg gegen die Nazis Verbündeten, die Alliierten, kriegten sich langsam, aber sicher in die Haare. Besonders in Berlin. Und auch für den Rundfunk war der Ärger vorprogrammiert. Nach Siegerbeschluss unterstanden das

Funkhaus in der Masurenallee, Führung und Programm, der sowjetischen Besatzungsmacht. Da das alte Reichsrundfunkhaus aber im britischen Sektor lag, ist vorstellbar, wie alle Querelen wucherten. Das Ende vom Lied: der politische Ostsektor, inzwischen Hauptstadt der DDR, musste sich im Ostteil der Stadt ein neues Funkhaus schaffen.

Nun trennten sich die Wege. Für beide Teile, auch für die beiden Funkhäuser, für das alte und das neue, brachen andere Zeiten an. Westler, dort zuhaus, blieben zum Großteil im Westen. Ostler gingen mehrheitlich in den Rundfunk-Osten. Im Funkhaus Masurenallee entstand der SFB, Sender Freies Berlin. Sportchef wurde, blieb Herbert Schmidt.

Aus dem alten Funkhausbetrieb waren wir drei junge Leute, die zur vorläufig neuen Sportredaktion in den Ostteil wollten. Marian Homrighausen, der sich seit geraumer Zeit für den Sportfunk bewarb, Wolfgang Reichardt, der aus Wriezen im Oderbruch stammt und schon in der Masurenallee als vielseitig-talentierter junger Mann auffiel, und ich, der Lausitzer. Als Zwischen-Funkhaus war ein Gebäude direkt an der traditionsreichen Grünauer Regattastrecke, am Dahme-Ufer vorgesehen. Die knappe Zeit in Grünau war angenehm. Alles war nur sehr weit von der eigentlichen Großstadt weg, und mit Straßenbahn, S-Bahn – also öffentlichen Verkehrsmitteln – brauchten wir Stunden. Vertane Zeit.

Deshalb freuten wir uns, als Flüsterpropaganda Wahrheit wurde: In der Schöneweider Nalepastraße entsteht das neue Haus, und dort wird es mit den Kollegen vom bisherigen Mitteldeutschen Rundfunk eine Zusammenführung zum »Radio DDR« geben ... Die Technik verbesserte sich, Hörspielkomplexe und Musiksendesäle kamen hinzu, die nach Ansicht von Experten bestes Niveau besaßen, und bis in die letzten Lebensmonate des Funkhauses produzierten dort erstklassige Musiker und Bands.

Ich lernte dort meine Frau kennen. Sie arbeitete als Studiotechnikerin, und für mich wurde das zum Hauptglücksfall des Lebens.

Berliner Rundfunk

Beim Berliner Rundfunk stand mein Schreibtisch. Jedenfalls zwanzig Jahre lang. Vorher stand mir noch keiner zu. Der Berliner Rundfunk, das war mein Radio-Zuhause ... Dass ich überhaupt bei diesem Sender landete, war wieder einmal mehr Zufall. Ich kam vom Masurenallee-Berliner-Rundfunk, und da nun der Sport bei Radio DDR konzentriert wurde, wollte der Nalepastraßen-Berliner-Rundfunk wenigstens einen »Sportmenschen« abbekommen. Das war ich.

Erste Olympische Spiele 1952 in Helsinki

Meine allerersten Olympischen Spiele, und schon deshalb nimmt Helsinki für mich einen Lieblingsplatz unter allen Erinnerungen ein ... Ich bestritt die zwei Wochen in einem täglichen 24-Stunden-Solorennen, hetzte von Ereignis zu Ereignis. So viel musste ich nie wieder rackern. Lag ich endlich im Hotelbett, kam ich nicht zur Ruhe, weil ich die Flut der Eindrücke nicht verdauen konnte. Ich sah Emil Zátopeks Goldläufe, die sowjetischen Turner mit Tschukarin an der Spitze, den ungarischen Boxer László Papp und, und, und ...

Über alles Gute breitete sich dennoch ein Schatten. DDR-Sportlern wurde die Teilnahme verwehrt ... Beide deutsche Seiten sahen – wie in den folgenden »kalten« Jahren üblich – die Schuld immer beim anderen. Richtig ist, heute wie damals in Helsinki, dem Sport, den Sportlern, der olympischen Idee fügte das Schaden zu ... Richtig ist ebenso der radikale Unterschied, der den Wiederaufbau des Sports nach 1945 in der DDR und in der Bundesrepublik kennzeichnet, vor allem, welche Kräfte ihn betrieben. Hier die neuen, dort die alten.

Alles in allem – Helsinki mit seinem echten olympischen Geist war eine der für mich wichtigsten Reporterstationen meines Lebens. Ich war vierundzwanzig, fühlte mich bestätigt darin, den richtigen beruflichen Weg eingeschlagen zu haben. Und ich fühlte mich in meinem Traum von einer friedlichen Welt, zu der Sport viel beitragen kann, bestärkt.

Ein Sport der Millionen

Der Spaß, aus dem Sport wurde, begann 1899, und hieß damals Ping Pong. Vom hölzernen Schläger rührte die eintönige Ballwechselmusik, die von hölzernen Tischplatten verstärkt wurde. Ping Pong, Ping Pong, Ping Pong schallte es stundenlang, manchmal nächtelang aus Berliner Cafés. Ob nun die Geburtsstunde hundertprozentig sicher tatsächlich in einem Berliner Etablissement oder zur zirka gleichen Zeit in London, wo das hölzerne Vergnügen Flim Flam hieß, oder in Prag oder in Wien schlug, sei dahingestellt. Egal oder wurscht.

Jedenfalls ging diese Melodie um die Welt, und im zurückliegenden Jahrhundert mauserte sich der Café-Spaß zum Sport der Millionen.

Welcher andere Sport kann sich an Tischtennis messen, wenn es um die Menge der Spieler, um die nahezu totale Globalisierung des Spieles geht? In Hunderttausenden Orten wird Fußball gekickt. Anderswo sind Football oder Baseball oder Baskettball die Trümpfe. Doch das sind Mannschaftsspiele. Immer sind mehrere Menschen Voraussetzung des Vergnügens. Und man braucht mehr Platz, Spielfelder mit allem Drum und Dran. Tischtennis hingegen ist in jeder Wohnung, in jeder Familie zu spielen. Nur ein Partner ist gefragt, und dann geht's los: Ping Pong, Ping, Pong ... Das bedeutet riesigen Vorteil und macht es so international und populär. Umso merkwürdiger, dass es so lange brauchte, bis auch die IOC-Ignoranten kapierten, dies ist ein wahrhaftig olympisches Spiel. Zwar keines der Millionen und Millionäre, aber eines für wirklich jedermann.

Ohne dafür Journalisten-Spezialist oder nach ihm auch nur alltagsverrückt zu sein, danke ich TT doch Besonderes. Es war meine allererste Reporter-Weltmeisterschaft, die ich durch Tischtennis erlebte. 1953 in Bukarest. Und es war das erste deutsch-deutsche Reportererlebnis. In Rumäniens Hauptstadt startete eine gesamtdeutsche Mannschaft.

Neben dem dutzendfachen DDR-Meister Heinz Schneider aus Mühlhausen spielte der bundesrepublikanische Champion Conny Freundorfer, beispielsweise. Diese Mannschaft – Spieler, Offizielle, und ich als einziger deutscher Radioreporter – reiste gemeinsam per Zug. Vierzig Stunden Eisenbahnmarathon bot Zeit, viel

Zeit für Gespräche. Nicht eines blieb in Erinnerung, in dem »geholzt« wurde, was später leider passierte. Kein Zoff, kein Stänkern, dafür Freundlichkeit, Fairness von beiden Seiten, auch seitens der Offiziellen.

Tischtennis und TT-Verantwortliche zeigten immer wieder Reformerstärke. Manche »Renovierung« und Regelüberarbeitung half, Tischtennis dauerjung und populär zu halten.

Eine prima Idee hatte 1960, noch vorm Mauerbau, der Westberliner Oskar Steinhaus. »Man müsste für ganz Berlin ein Tischtennisturnier für jedermann organisieren«, meinte der Altmeister und fand im jungen Ostberliner TT-Fan Rainer Lotsch einen couragierten Mitstreiter. Das TTT, »Tischtennisturnier der Tausende«, war geboren. 61 Jahre nach der Ping-Pong-Geburt.

1966 gesellte sich, von Rainer Lotsch animiert, die Berliner Zeitung hinzu. Damit bekam das ohnehin schon populäre Unternehmen einen zusätzlichen Öffentlichkeitsschub. Jahr für Jahr erhielt es nun nicht nur Medienresonanz, sondern praktische, helfende Medienförderung. Berliner Zeitung, Berliner Rundfunk, DDR-Fernsehen und andere machten die Sache dauerhaft und rund. TTT war und blieb ein Qualitätsbegriff des Volks- und Breitensports. 1987 registrierte die Berliner Zeitung den Millionsten Teilnehmer!

Schweigen ist Gold

Für mich war Fernsehen nie das Traummedium. Nur beim Hörfunk fühlte ich mich hundertprozentig wohl. Dort blühte ich auf. In den Zwiespalt geriet ich, weil sich beide Medien beißen. Das eine, Fernsehen, produziert die Bilder selbst. Das andere, der Hörfunk, schafft sie durch das Wort. So ist es. Jedenfalls aus Reportersicht. Schon bei meiner allerersten Fernsehsportarbeit schwante mir, was da kommen kann. Ich kommentierte das Fußballstädtespiel Berlin–Prag. Es wurde im Ulbricht-, dem späteren »Stadion der Weltjugend«, ausgetragen. Zu Recht wiesen 1955 alle Pressekritiker darauf hin, dass alles ganz prima war, aber der Reporter – das war ich – sprach zu viel. Und dabei blieb's. Besonders beim Fußball. Durch alle drei Fernsehreporterjahrzehnte zog sich das als schwelender Dauerkonflikt. Bei Leichtathletik-, Ski- und Eiskunstlauf-Übertragungen gelang es, eine vertretbarere Linie zu finden. Im Fußball geriet ich oft ins Abseits, war selber schuld, weil ich gegen meine richtige Grunderkenntnis verstieß, wonach weniger (fast) immer mehr ist.

Meine besten Kritiken, innerredaktionell, von Chefs erhielt ich dabei zweimal aus beinahe kabarettreifen Gründen. Beide Male, es war im Ausland, war ich nicht so gut drauf. Was passieren kann. Mein Darm funktionierte zu schnell, und das zwang mich zweimal kurz für vier, fünf Minuten auf die Toilette. Das Mikrofon blieb verwaist. Glücklicherweise fiel in dieser Zeit kein Tor. So entstand, aus Unkenntnis der Vorgänge, bei den Kritikern überraschendes Lob. »Jawohl, das war gut! Exakt. Dieser Mut zu längeren Pausen, jetzt bist du auf dem richtigen Weg zum Schweigenkönnen ...« Sollte ich mir deshalb eine Dauerdiarrhöe anschaffen?

Da staunt man

In Cortina d'Ampezzo 1956 staunte ich Bauklötzer. Als Flachland-Tiroler, der aus den Kiefernwäldern der Lausitz kam, sah ich erstmals richtige, ganz richtige Berge. Gut, bei den Oberhofer Wintersportmeisterschaften freute ich mich auch über die 800 Meter hohen Hügel, und ich hatte schon die 54er Skiweltmeisterschaften in Falun erlebt, wo unsere Springer unter »ferner waren dabei« landeten. Und ich kannte schon den skisportweltberühmten Holmenkollen vor Oslos Toren. All das bot jedoch keine wirklichen Berge. Nun umzingelten mich die Dolomitenriesen von Monte Christallo bis Monte Falloria. Mir gefiel, dass hier erstmals DDR-Wintersportler – und zwar auf IOC-Geheiß – in einer deutschen Mannschaft starteten. Jenes Team, einundfünfzig west- und zwölf ostdeutsche Athleten, war sicherlich keine besonders homogene Truppe, vielleicht nicht mal eine harmonische, dennoch war es ein Fortschritt gegenüber Helsinki 1952. In der viermal 10-km-Staffel starteten zwei West- und zwei Ostdeutsche. Dass sie nur Zehnte wurden, elf Minuten hinter den Goldgewinnern aus der UdSSR, spielte keine Rolle. Es war ein Beginn.

Natürlich bewunderte ich solche Könner wie den dreifachen Golderoberer Toni Sailer. Österreichs Liebling war nicht zu bremsen, wie später bei seinen Geschäften in der Film-, Schlager- und Hotelbranche. Apropos Showbusiness, damals staunte ich noch über Stars am Pistenrand, bei Pressekonferenzen und dem, Neuland für mich, Après-Ski. Als man Sophia Loren präsentierte, pirschte ich mich mit meinem Uraltfotoapparat ganz nach vorn.

Die erste Olympia-Medaille

Auf der Trampolina Italia geschah am 5. Februar 1956 Großartiges. Harry Glaß aus Klingenthal im Vogtland gewann hinter den Top-Finnen Hyvärinen und Kallakorpi die Bronzemedaille. Für den DDR-Sport die allererste Olympiamedaille überhaupt. Harry verpasste Silber nur um einen halben Punkt. Wer ihn zu seiner Hoch-Zeit springen, eigentlich segeln, sah, wie es ihn tatsächlich butterweich und elegant im seinerzeit revolutionären Fisch- oder Däscherstil meist weit nach unten trug, der wird das nie vergessen.

Das erste Olympia-Gold

Was Harry Glaß in Cortina vorsprang, Wolfgang Behrendt setzte es am 1. Dezember 1956 im West-Melbourne-Stadion fort. Gegen Südkoreas Bantamgewichtler Soon-Chung Song siegte der Berliner klar nach Punkten und verließ als strahlender Goldmedaillengewinner den Boxring. Später, in Berlin, war dem kleinen Pfiffikus ein jubelnder Empfang gewiss. Sein Golderfolg war der erste für die DDR, und in die Siegesserie deutscher Olympia-Faustkämpfer trug sich Behrendt nach den beiden Gold-Männern von Berlin 1936, Kaiser und Grupe, als »dritter Mann« ein.

Wolfgang Behrendt war in Melbourne einer der 36 Ost-Starter bei 123 von der Westseite. Er arbeitete nach seiner Boxerlaufbahn beim DDR-Fernsehen als Kameramann und danach als freischaffender Fotoreporter. Was ihm wahrscheinlich kein Boxer der Welt nachmacht, und ganz bestimmt kein Olympiasieger im Boxen, Behrendt bläst – als Autodidakt – vorzüglich Trompete. Als Mini-»Satchmo« unterhält er bei Shows und Galas.

Technische Probleme

Alle Olympiaübertragungen 1956 von Australien entpuppten sich als einmalige Attraktion. Wobei wir damals allerdings andere und deftigere Worte für alle Leitungs- und Tonprobleme nach Hause fluchten. Mit dem Technikstandard war – gemessen an der stürmischen Technikentwicklung folgender Jahre – wahrhaftig noch kein Staat zu machen. Zum einen ging das gesprochene Wort den Weg durch Meereskabel, dann aber auch über Langwellen, die sich im Äther schaukelten, zirka zwanzigtausend Kilometer weit. Beschwörend meldeten sich die Berliner Funkhaus-Kollegen: »Bitte, bitte! Unbedingt langsam sprechen ... Hört ihr, l-a-n-g-s-a-a-m!« Beim Boxkampf von Behrendt hörte sich das so an: »Wolfgang duckt ab ... Song ... schlägt ins ... Leere ... Gut ... Wolfgang ... Ja, er fintiert ... links ... rechts ... trifft! Priiimaaa ...« Und alles kaugummimäßig gedehnt.

Ich muss gestehen: So, mit gewissermaßen hart angezogener Handbremse zu schildern, noch dazu, wenn es um Gold geht, ist wie Selbstkasteien. Schlimm. Hinzu kam, eine Runde, die alles entscheidende dritte, kam im Funkhaus überhaupt nicht an. Entweder soff sie im Meer ab oder verirrte sich in den Wolken. Es bleibt ein ewiges Geheimnis.

Foul made in USA

Kurz vor den Olympischen Spielen 1960 in Squaw Valley: »Die kommunistischen Journalisten der Sowjetzone können von den freien USA keine Einreise erwarten …«

Okay!

Zum ersten Mal schwoll mir als Olympiaberichterstatter die Brust. Wir waren gefährlicher als der von uns verehrte »rasende Reporter« Egon Erwin Kisch. Ihm war vor etwa dreißig Jahren die Einreise nach Australien verweigert worden. Kisch sprang vom Dampfer an Land und brach sich ein Bein. Wir lagen erstens nicht in New York vor Anker, und zweitens wollten wir auch lieber die Sozialversicherungskosten sparen. Die Freiheitsstatue war einen Beinbruch nicht wert.

Okay!

Wir hatten vor dem ersten Glockenschlag des amerikanischen Olympia die Freiheit made in USA 1960 kennengelernt. Doch keine Sorge, Mister White und Vorgesetzte im Weißen Haus in Washington. Wir waren nicht sauer. Wir studierten die USA bei diesem ersten Nichtbesuch vielleicht besser als bei jeder direkten Visite. Und außerdem, ein Sprichwort sagt, noch ist nicht aller Tage Abend!

Was tun? Olympische Spiele ohne Olympiareporter!

Das große Improvisieren begann!

Werner Cassbaum, der langjährige Leiter der Adlershofer Sportredaktion, ein Mann mit tausend Ideen und nie versiegender Zuversicht, erklärte zwischen zwei Kaffees: »Nun wird zwar alles schwerer. Aber ich sehe Möglichkeiten, Hauptsache, wir lassen uns nicht unterkriegen …«

Das waren wenig Worte. Doch sie ließen allerhand vermuten. Noch ahnte ich nicht, was alles. Vielleicht war das gut, sonst wäre mir doch einmal bei aller Waghalsigkeit das Herz vor dem eigentlichen Knall in die Hose gerutscht.

So viel stand fest: Ich sollte für die Zeit der Spiel in Adlershof arbeiten. Wir wollten aus einem Sonderstudio mit allen möglichen Improvisationen die Zuschauer so gut es nur ging informieren. Fortan schwirrte die Mannschaft Werner Cassbaums durcheinander wie ein Taubenschwarm. Reporter, Redakteure, Archivare, Schnittmeister, Männer, Frauen, Abteilungsleiter und Volontäre, alles packte eine Leine, alles zog an einer Strippe. Alles jagte sich zehn Tage lang selbst bis zum letzten Schweißtropfen, so wie jeder Skilangläufer im Tal der Indianerfrau.

Ich glaubte bis dahin, die Adlershofer Studios zu kennen. Nun lernte ich sie so kennen wie der Sicherheitsinspektor. Wir waren früh die Ersten, die ins Sonderstudio zogen, wir waren nachts die Letzten, die es verließen. Wir preschten zwischen Redaktionszimmern und Schneideräumen hin und her. Wir schliefen in Garderoben und an Schreibtischen, und wir waren in der Kantine Dauergäste.

Barfuß durch Rom

Und dann der Marathonlauf, in dem der Äthiopier Bikila Abebe die erste Goldmedaille für Schwarz-Afrika holte: Ich stand auf der Reporterrampe, einem Stahlgerüst direkt am Konstantinsbogen, und blickte während der gesamten Marathon-Übertragungszeit aufs

Colosseum. Nichts ist vergessen, was sich an jenem 10. September 1960 zutrug. Unter den Reportern ging es hin und her: Wer war der Mann? Bisherige Siege ... nichts gehört. Was, er läuft barfuß? Jede Streckennachricht lautete: Abebe führt. Die ersten Begleitfahrzeuge brausten heran. Lärm von Tausenden Zuschauern, die in Colosseum-Nähe warteten. Die Via Appia, die »Königin aller Straßen«, lag von Fackeln erhellt in magischem Licht. Eine einmalige Kulisse. Rechts und links wird die Straße auf den letzten Meilen bis zum Bogen des Konstantin, dem Ziel, von einer Gräberreihe mit stattlichen Grabhäusern und Mausoleen flankiert. An allem vorbei rannte ein kleiner, schmächtiger, dunkelhäutiger Mann.

Meine Reportage von damals gibt es nicht mehr. Aber ich weiß noch, dass Abebe, der Sieger, mir fast die Stimme raubte. Es würgte im Hals. Ich war gerührt, die Szene beherrschte mich.

Sachsenring 1960

Da rissen Täve und Bernhard Eckstein zweihunderttausend Zuschauer in gewaltigen Taumel. Das Finale jener Weltmeisterschaft entpuppte sich als Radsport-Krimi der Extraklasse. Alle Radsportfreunde kennen den Ausgang, und wer es direkt miterlebte, trug die Geschichte in die Familie und an Freunde weiter. Und die erzählten es wieder ...

Auf der allerletzten Steigung der Schlussrunde kämpften Willy Vandenberghen, der sympathische Belgier, Schur und Eckstein Seite an Seite. Rad an Rad. Vandenberghen hielt dabei, allen Grunderfahrungen und Taktiken entsprechend, meist das Hinterrad der deutschen Konkurrenten. Bei Täve lag die Strategie längst fest, und wenige Kilometer vorm Ziel gab er seinem Mitstreiter »Ecke« Eckstein das Zeichen: »Los, fahr weg! ...!« Täves Hoffnung, Vandenberghen würde bei ihm bleiben, ging voll auf. Eckstein holte den Weltmeistertitel, Schur folgte wenige Sekunden später als Vize, und dem Belgier blieb nur der dritte Platz.

Ich schilderte für den Hörfunk alles vom Anfang bis zum Ende des Velo-Dramas. Dabei widerfuhr uns das Schlimmste, was passieren kann. Die Technik stotterte. Aussetzer, auf und ab in der Lautstärke, kurzum, es war wie verhext.

Später fragte ich Vandenberghen in mehreren Sendungen, was ihm in dieser hektischen Schlussphase durch den Kopf wirbelte. Auch beim »Kessel Buntes«, den ich Anfang der achtziger Jahre im Berliner »Palast der Republik« moderierte. Dort wurden die »Großen Drei vom Sachsenring« mit Jubel begrüßt.

»Unentwegt überlegte ich, was machst du? Wegfahren? Das kann gegen die zwei, die sich vollkommen einig sind, kaum gelingen. Also, bei Schur bleiben. Der ist Hauptfavorit. Der wird sich als schon zweimaliger Weltmeister unbedingt den dritten Titel in Folge holen wollen. Das lässt sich doch keiner entgehen. Auch, als dann Eckstein wegbrauste, dachte ich immer noch, Schur steigt wieder hinterher. Aber das wurde mein entscheidender Irrtum. Doch wer sollte so um die Ecke denken? Von Schur war's eine überragende taktische und menschliche Leistung. Er verzichtete, um sicherzugehen, einer von uns gewinnt. Davor ziehe ich noch heute den Hut. Ich weiß nicht, welcher andere Große ähnlich gehandelt hätte ...«

Krank in Jena

In den sechziger Jahren übertrug ich in einer Fußballkonferenzschaltung bei Radio DDR das Spiel Magdeburg gegen Jena. Schon mit leichtem Fieber angereist, schlitterte ich in einen schweren Knock-out. Wie sich später herausstellte, geisterte in mir ein Erreger namens Erysipelothrix rhusiopathiae, der Rotlauf erzeugt, eine spezielle Art von Schweinepest für Menschen. Das ist nicht nur schmerzhaft, sondern auch ziemlich gefährlich. Kurzum, ich quälte mich auf meinem Reporterplatz über die Runden. 3:1 stand für Magdeburg die Partie, als ich eine Minute vor Schluss ans Tabellen-Ausrechnen ging. Da passierte mein Unglück. Als ich vom Zettel aufblickte, pfiff der Schiedsrichter gerade die Begegnung ab, und ich verkündete den Hörern: »Hier also 3:1 für Magdeburg ...« Doch in diesen allerletzten Sekunden war noch ein zweites Tor für Jena gefallen. Keiner jubelte, alles ging im Schlusstrubel unter. Dieses 3:2 brachte mir aber dermaßen Ärger, dass ich zumindest in Jena bis ans Tabellenende aller Sympathiewerte rutschte. Vom Rotlauf, der mich vierzehn Tage in die Knie zwang, genesen, kehrte ich ins Funkhaus zurück, und der damalige Sportchef Wolfhart Kupfer konfrontierte mich mit Jena-Briefen, die es in sich hatten. »Analphabet, der nicht mal bis zwei zählen kann«, war noch das Freundlichste. Das Schärfste, wohl auch Dümmste kam aus dem Kombinatsgeneraldirektorium. Man ließ mich wissen, ich hätte die Werktätigen beleidigt und verhöhnt und müsste abberufen werden. Zumindest in Jena dürfte ich mich nicht mehr sehen lassen.

Dauerbrenner

Ein richtiger Hit wurden zwei Sendereihen, die sich zu Dauerbrennern und Radio-Fossilen entwickelten: Zuerst »7–10, Sonntagmorgen in Spreeathen«. Damit ging's 1966 los, und ich war vorerst einziger Moderator. Diese Frühshow hielt fünfundzwanzig Jahre durch! Bis zum Ultimo in der Nalepastraße. Dieter Hunziger, Kalle Neumann, Peter Bosse, Claus-Peter Matzke, Gretel Ortner und andere hielten die Treue und das »7–10«-Fähnlein hoch. Zehntausende Hörer standen hinter dieser bunten Spiel- und Musiksendung, und viele Hörer trafen sich Sonntag für Sonntag bei öffentlichen Veranstaltungen. Einer der Höhepunkte war immer der Tierparktreff mit dem geschätzten Tierparkdirektor Prof. Dr. Heinrich Dathe und Reporterin Karin Rohn. Diese fünfzehn Minuten wurden immer ein Zuschauer- und Zuhörermagnet.

Die zweite erfolgreiche Sendereihe war »He, he, he – Sport an der Spree«. Sie begann 1971 und lebte zwanzig Jahre. Zwei Live-Stunden, sonnabendvormittags, mit Studio-Moderation und Reporteraußenstellen, lockten nicht nur Sportinteressierte, sondern aufgeschlossene Hörer jeder Couleur. »He, he, he« war eine deutschlandweit einmalige Sendung. Vor allem, weil sie sich vorrangig auf den »kleinen Sport« konzentrierte. Nicht die Asse und Clubs standen im Mittelpunkt, sondern Kinder- und Jugendsport, Frauensport, kleine Gemeinschaften und deren Übungsleiter und Helfer. Wir versuchten zu inspirieren, einzugreifen und zu fördern. Da, wo der echte Sport zu Hause ist: unten.

Die Sendung wurde von Profis gemacht. Werner Eberhardt, Marian Homrighausen, Thomas Schwarz,

Gerhard Kohse, später auch jüngere Kollegen bildeten die Moderatorenmannschaft, und alle Reporter und Redakteure, sonst eigentlich bei Radio DDR an Bord, gestalteten insgesamt 1074 Sendungen.

Berliner Neujahrslauf

Mit »He, he, he – Sport an der Spree« wurde auch der Berliner Neujahrslauf geboren. Ein Deutschland-Unikat, jedenfalls jahrelang. 1972, zum Start ins Saporro- und Münchner Olympiajahr, trafen sich auf unsere Idee und Initiative erstmals ein paar tausend Alltagsläufer, Familien mit Kind und Kegel, im Volkspark Friedrichshain. Ein Radiofest. Olympia für jedermann.

Mein Gedanke war, wenn sich seit Jahr und Tag im brasilianischen Sao Paolo zur Silvesternacht Läuferstars gegen Bezahlung zum Lauf ins neue Jahr begegnen, können bei uns in Berlin gerade die Urläufer, die Unbezahlten im Mittelpunkt stehen. Wer sich am Neujahrsmorgen überwindet, locker eine oder zwei Runden dreht, der bleibt vielleicht und hoffentlich bei der Stange und wird zum Alltagssportler ...

So geschehen. Jahr für Jahr, immer rannten Tausende ins neue Jahr. Alle erhielten eine kleine Erinnerungsschleife, und noch heute zeigt mancher stolz die komplette Kollektion: Hier, ich war immer dabei!

Hunderte Neujahrslaufgeschichten ließen sich erzählen. Doch das ist jetzt die Wichtigste. Dieses Ereignis überlebte ... Ich verhehle nicht: das macht zufrieden. Dass der Neujahrslauf kein Wendeopfer wurde, kam so: Horst Milde vom SC Charlottenburg, ein laufbesessener Mann, von Beruf Konditor in Tempelhof, gilt als der

Berlin-Marathon-Initiator und Vater vieler anderer Berliner Läufe. Er reichte nach der Wende die Hand und versicherte: Das machen wir weiter, weil es erhalten werden muss. Und der Mann hält Wort. Mit ihm und mit der Treue vieler, vieler Läufer, nun aus allen Bezirken der vereinigten Stadt, empfing der Neujahrslauf einen neuen Impuls. Laufstrecke ist Berlins historisches Zentrum mit Start am Brandenburger Tor, den zwei Kilometern Unter den Linden bis zum Schlossplatz und zurück.

Belgrad 1962: Präzision im Zehnkampf

Wann erlebten wir ein so dramatisches Zehnkämpfer-Duell! Werner von Moltke, der westdeutsche Favorit, und der immer zuverlässige sowjetische Stratege Wassili Kusnezow, einunddreißig Jahre alt, lieferten sich eine filmreife Partie. So spannend, so packend, wie nach dem Drehbuch inszeniert ... oder – besser.

Nach acht Übungen schien der sowjetische Meister hoffnungslos geschlagen. Im Weitsprung hatte er zweimal übertreten, dann nur 6,91 Meter erzielt und hatte nach der achten Disziplin einen fast aussichtslosen Rückstand von 328 Punkten. Bis zur letzten Konkurrenz, dem 1500-Meter-Lauf, hatte er aufgeholt. Werner von Moltke hatte die Gruselstrecke der Zehnkämpfer bereits durcheilt, durchstanden. Nun lag alles bei Kusnezow. Eifrige Trainer und Journalisten hatten im Vergleich zu Moltkes Schlussresultat errechnet: Kusnezow musste 4:41,2 Minuten laufen, dann langte es doch noch zu seinem Sieg!

Knisternde Spannung breitete sich über die 15 000 im Stadion ausharrenden Zuschauer. Aufgeregt umschwirrten die westdeutschen Betreuer die Bahn. Mit schweißnassen Händen umklammerten Kusnezows Freunde die Stoppuhren. Hunderte Journalisten verglichen und rechneten. Selten wurden so viele Stoppuhren gedrückt, so viele Zuschauerarmbanduhren angestarrt.

Der Aktuer drehte seine Runden. Auf dem Gesicht des Moskauers las jeder die verzweifelte Anstrengung, den immensen Kraftaufwand. Und er rang der Aschenbahn mit den müden Beinen des strapazierten Zehnkämpfers Meter um Meter ab.

Das Unglaubliche geschah: Tausende blickten fasziniert auf die Uhren, tatsächlich, 4:41,0 Minuten! Sekundenarbeit! Kusnezow war Europameister!

Ein geschichtlicher Augenblick des Sports. Vielleicht nie mehr wird ein Zehnkampf, die königliche Disziplin der Athleten, mit einem derart dünnen Vorsprung entschieden werden. 4 Punkte! Das sind ein Zentimeter im Weitsprung, 0,3 Zentimeter im Hochsprung, sieben Millimeter im Stabhochsprung, 20 Zentimeter im Speerwerfen ...

Nerventest in Nippon – Olympische Spiele 1964

Da war die Frau, die Karin Balzer heißt!

Sie raubte mir besonders viel Nervenkraft. Der Dienstplan hatte mich für den Tag ihrer 80-Meter-Hürden-Entscheidung in den Boxpalast verbannt. Werner Eberhardt saß am Mikrofon im Nationalstadion, und ich erinnerte mich des Finales bei der Europameisterschaft in Belgrad. Die Polin Ciepla hatte der Frankfurterin die Goldene weggeschnappt, weggeschnappt um winzige

Zentimeter ... Ich fürchtete um eine Wiederholung im Meiji-Park. Doch das schlechte da capo blieb aus.

Karin dreht den Spieß um! Wieder hatten beide die gleiche Siegerzeit, diesmal mit der Weltrekordmarke von 10,5 Sekunden, aber diesmal sah das Foto einwandfrei Karin vorn.

Zwischen meinen Boxreportagen verfolgte ich Karins Lauf. Ich starrte auf den Monitor und ließ Haken Haken und Schwinger Schwinger sein. Wenn sie nur auf das höchste Podest gelangen würde! Ich drückte mir die Daumen wund, und die Wartezeit bis zur endgültigen Siegerverkündung war eine Spezialfolter. Und dann hätte ich in Frankfurt (Oder) Mäuschen sein wollen, als Werner Eberhardt über den 14 000-Kilometer-Kabelweg verkündete: Gold für Karin!

Mexiko 1968: ein echtes Novum

Stichwort: Fosbury. Der einundzwanzigjährige Student der amerikanischen Oregon-Universität bereicherte die Leichtathletik mit einem neuen technischen Element. Er überquerte bei seinem Olympiasieg die Höhe von 2,24 Meter, Olympiarekord, mit einem bis dahin unbekannten »Flop«, der ihn rückwärts über die Latte fliegen ließ. Alles staunte, und auch wir Reporter waren ziemlich baff.

»Das ist toll, aber der Stil der Zukunft wird's nicht werden«, entrang sich mir an jenem Nachmittag eine viel zu kühne Behauptung. Längst hat mich die Entwicklung widerlegt. Die bis 1968 alles bestimmenden Straddle-Springer sind jetzt »ausgestorben«. Die Bilder ihrer Sprünge hängen im Museum.

Weltrekordsprung

18. Oktober 1968. Ciudad de Mexico. Ortszeit: 15 Uhr 40. Höhenlage: 2248 Meter überm Meeresspiegel. Wind an der Weitsprunggrube – zwei Meter pro Sekunde. Rückenwind. Exakt das noch Erlaubte. Leichter Regen. Bob Beamon, USA, läuft an. Riesige Panthersätze. Millimetergenauer Absprung. Beamon fliegt, fliegt und landet bei 8,90 Meter! Die Kampfrichter messen und kontrollieren fast eine Viertelstunde. Gewaltiges Raunen im Stadion. Dann, endlich die Ansage: Neuer Weltrekord! Ein Jubelsturm fegt durch die Arena.

Beamon, der Kautschukspringer, verbesserte die alte Marke gleich um 55 Zentimeter! So etwas ist noch nie dagewesen. Das rief die Analytiker auf den Plan. »Sports Illustrated«, eine führende Zeitschrift, ermittelte beim Vergleich aller wesentlichen Faktoren – Höhenlage, Wind, Kunststoffbelag, Beamons Superlandetechnik ... –, der Weltrekordsprung hätte einem Windstilleflachlandsprung von 8,56 Meter entsprochen. Der »Rest«, immerhin 34 Zentimeter, ging aufs Sonderkonto spezieller Mexikohöhen- und Tagesbedingungen.

Um so erstaunlicher, dass dieser Goldsatz nicht – wie von fast allen Experten prophezeit – das Jahrhundert überlebte. 1991, also dreiundzwanzig Jahre später, katapultierte sich Beamons Landsmann Mike Powell bei den Weltmeisterschaften in Tokio auf 8,95 Meter!

Drama und Triumph in Tirana

Länderspiel Nummer 125.

Diese Begegnung mit Albaniens Auswahl fand am 3. November 1973 statt, und sie war von einiger Wichtigkeit. Albanien, Rumänien, Finnland bildeten mit der DDR-Auswahl die Weltmeisterschafts-Qualifikationsgruppe 4. Dem Sieger gehörte das Ticket zur WM-Endrunde in der Bundesrepublik. Vom Tirana-Spiel hing ab, ob es eine DDR-Mannschaft zum ersten Mal schafft, an einer Endrunde teilzunehmen. Dazu musste sie in Tirana unbedingt gewinnen. So kurz, so knapp die notwendigen Fakten. Was sich dann tat, ist komplizierter nachzuerzählen …

Irgendwie spürt man schon immer vorher, ob's gutgeht, ob's danebengeht … Meine mulmigen Gefühle bezogen sich aber nicht aufs Spiel, als ich mich, an Hunderten Zuschauern vorbei, im proppenvollen Quemal-Stafa-Stadion über die Tribünentreppen zum Radioreporterplatz drängelte. Sinnigerweise hatte man mich in die allerletzte Reihe ganz oben unters Stadiontribünendach verbannt. Das ließ mich sofort kribblig werden. Durch Zuschauerreihen und über die Treppenstufen schlängelte sich nämlich auch das Übertragungskabel. Um Himmels willen, durchzuckte es mich, das kann nicht gutgehen … Noch bevor der Anpfiff ertönte, schrie ich mir schon die Lunge aus dem Hals, die Seele aus dem Leib: »Hallo, Berlin! Hallo, hallo, hallo! Bitte melden! Bitte melden!« Nichts. Schweigen im Äther. Schweigen auf der Leitung. Weiß der Kuckuck, wo zwischen Tirana und Berlin der Wurm bohrte, die Defekthexe zauberte. Meine Stimmung sank gegen Null.

Für einen Nur-Hörer – Pardon für solch schwächliche Kennzeichnung, doch mir fällt keine bessere ein! – ist es wahrscheinlich kaum nachvollziehbar, was sich im Reporterkopf, im Reporterherzen abspielt, wenn dieses Unheil passiert. Angereist, vorbereitet, voller Lust und Laune und Spannung, nun endlich loszulegen, und dann das! Technikdefekte, Leitungspleiten, Funkdilemma. Hilflosigkeit kämpft mit ständig wachsendem Ärger um die Wette. Man möchte und kann nicht.

Endlich, endlich, die Partie hatte schon begonnen, hörte ich aus weiter, weiter Ferne Berliner Kontaktversuche. Herbert Küttners markante Stimme hatte aber gegen die miese Situation auch keine Chance. Küttner fungierte über vierzig Jahre als unser Chefmoderator im Berliner oder Leipziger Funkhaus. Er besaß nicht nur eine ausgezeichnete Stimme, sondern ebenso souveräne Routine, die ihn jede heikle Situation meistern ließ. Im deutschen Radiomaßstab war er einer der Allerbesten. An Tirana scheiterte er, scheiterte ich ...

Verzweifelt guckte ich aufs Spielfeld, und verzweifelt schrie ich, brüllte ich wütend ins Mikrofon oder in den Telefonhörer oder beides: »Hallo, hallo, hallo! Hallo, Berlin! Hallo, Herbert Küttner!« Wie vom Mond vernahm ich, dass Küttner das aus Berlin in Richtung Tirana genauso versuchte. Dann, einer alten Radioregel folgend, sprach ich einfach drauflos, so, als ob alles ganz normal ist. Aber, das kann kein Reporter! Keiner, behaupte ich, kann so tun, als ob. Nee. Nie und nimmer. Man ist verärgert, verhemmt, verklemmt, vielleicht noch mit der Zunge, aber nicht mit dem Herzen dabei.

Dann hörte ich, wie Küttner in ABC-Schützen-Art probierte, eine Notbrücke zu bauen: »Heinz Florian Oertel, wenn Sie mich hören, antworten Sie nur noch mit Jaaaa oder Neiiin! Steht es noch Null zu Null?«

»Jaaaa!«

Später dann: »Ist jetzt ein Tor gefallen? Antworten Sie wieder nur mit Jaaaa oder Neiiin. Tor für Albanien? (Pause, Pause ...) Tor für die DDR?«

Wieder mein Part, und ich brüllte wie am Spieß: »Jaaaaaaa!«

In dieser Wahnsinnsweise ging's weiter. Und es fielen fünf Tore. Vier für die DDR-Mannschaft, eines für Albanien. Vom Spiel selbst bekam ich kaum etwas Detailliertes mit. War auch schnurzegal. 4:1, das bedeutete einen prima Erfolg für Trainer Georg Buschner und seine Männer, von denen Streich zwei, Sparwasser und Löwe je einen Treffer markierten. Das Ziel WM-Endrunde war geschafft.

Auch ich war geschafft. Mit Sicherheit lieferte ich meine dürftigste Reporterleistung aller Übertragungsjahrzehnte ab. Doch ohne meine Schuld. Mit Sicherheit nervte mich vorher und danach kein Spiel mehr als dieses von Tirana. Und seither weiß ich hundertprozentig, was mir bis dahin schon manchmal schwante: Mit der Technik Mächten ist kein ewiger Bund zu flechten ...

Hoch im Norden

An schwedische Reportageaufenthalte denke ich besonders gern. Und das nicht nur des angenehmen, mir sympathischen Landes wegen. Auch nicht nur in Erinnerung des unvergessenen, dort erlebten Sportes. Gern und dankbar erwähne ich die Sverige-Radio- und Fernsehkollegen. Sven Jerring, der Nestor! Was für ein Könner, bis weit in seine siebziger Lebensjahre hinein. Immer noch übertrug er live vom Vasalauf, der das Riesenfeld von Sälen nach Mora führt. Ich erinnere mich vieler freundlicher Kollegenstunden mit Lennart Hyland und Flex Petterson. Immer blieben sie aufgeschlossene, gegenüber jedermann tolerante Gastgeber und hilfsbereite Kollegen. Dazu sachliche Beobachter der weltpolitischen und sportlichen Entwicklung. Einmal konnte ich mich bei ihnen für zahlreiche Interviewhilfeleistungen revanchieren, 1974 in Falun, als Gerhard Grimmer mit anderen DDR-Ski-Assen tolle Triumphe feierte.

1954 übertrug ich zum ersten Mal Nordische Skiweltmeisterschaften aus Falun, in der mittelschwedischen Provinz Dalarna, und lernte Sven Jerring kennen. Er machte mich dann mit Sixten Jernberg und anderen nordischen Skikönigen bekannt. Wir alle sprachen uns bei minus 34 Grad Eiszapfen an die starren Lippen.

1974 setzten dann in Falun Gerhard Grimmer, Gert-Dietmar Klause, Gerd Heßler und Dieter Meinel Ausrufezeichen. Sie krönten das jahrelange Verfolgungsrennen, die Weltelite endlich zu erreichen, mit zwei Weltmeistertiteln. Das Quartett gewann die 4x10-Kilometer-Staffel vor allen großen Favoritenteams der skisieggewohnten Länder, und Gerhard Grimmer gewann die skigeschichtsumwitterte Marathondistanz über 50 Kilometer.

Grimmer, der im thüringischen Dörfchen Seligenthal aufwuchs und dort heute noch lebt, landete 1965 bei seinem internationalen Debüt in Kawgolowo über 30 Kilometer auf dem 71. (!) Platz. Deprimierend. Vielleicht für Fans und Außenstehende. Nicht für einen Kämpfer wie Gerhard Grimmer. Jahr für Jahr, Winter für Winter ging es Schritt für Schritt voran. Am Holmenkollen, dem Mekka des Nordischen Skisports, geschah die erste Langlaufsensation. Gerhard Grimmer bezwang 1970 – und 1971 gleich noch einmal – die komplette Weltelite. Noch nie zuvor siegten dort Nichtskandinavier. Halt! Russen, also auch Skilanglauf-Großmächtige, hatten es 1958 und 1967 geschafft.

Das Sparwasser-Tor: Nachspiel

Das 135. Auswahlspiel der DDR-Fußballmannschaft am 20. Juni 1974 im Hamburger Volksparkstadion. Überraschend siegte die von Georg Buschner betreute Elf durch das tausendfach zitierte Sparwasser-Tor mit 1 : 0.

Man sollte meinen, das ist längst getauter Schnee von vorgestern. Für manche allerdings nicht, die halten es immer noch der Polemik wert. Reibefläche deutschen Gemüterkitzelns. Wie ich darauf komme?

Damals war das Spiel gespielt, der Kommentar gesprochen, die Karawane zog weiter. Bekanntlich endete die Weltmeisterschaft in München mit dem zweiten Triumph der bundesrepublikanischen Auswahl, die der Trainer-Gentleman Helmut Schön zum Siege führte. Verdientermaßen gewannen Beckenbauer und Co. als Turnierstärkste. Das 0 : 1 von Hamburg hatte da kaum noch Bedeutung. Es gab allerdings den Nebeneffekt, dass der Kleine den Großen zu besseren Taten anstachelte. Punkt und Feierabend.

Einen späten Aufwind erhielt das Hamburgspiel nochmals mit der Wende und danach. In allen Jahren fragten nicht so viele Reporter, Redakteure und Rechercheure nach dem vermeintlichen, vermuteten, möglicherweise erhofften, bisher etwa unterschlagenen »Drumherum« und »Hinterher«. Kaum jemanden hatte bis dato gejuckt, was und wie ich 1974 Tor schrie, was ich am Ende des Matches und im Nachhinein noch kommentierte.

Jetzt, wendeplötzlich, »aufarbeitungswichtig«, erfuhr alles ein Comeback. X-mal orderten die verschiedensten Sendeanstalten und Unternehmer Umschnitte aus dem einstigen Adlershofer DDR-Fernseharchiv. Zahlreich sind die Nachfragen: Ist das tatsächlich alles? Dahinter schwingt der Verdacht, es könnte einiges auf Nimmerwiedersehen herausgeschnitten worden sein … Zu kärglich erscheint den Rechercheuren mein »Tooor« und nichts weiter. Hinter dem Namen des Schützen Sparwasser hätte doch noch der des Staatsratsvorsitzenden und SED-Generalsekretärs als Mitsieger genannt werden müssen, und »Es lebe der siegreiche Sozialismus!« und »Tore treiben den Absatz von DDR-Produkten auf dem Weltmarkt!« Anders lässt sich die späte Hektik nicht erklären.

Montreal

Zu Füßen des »königlichen Berges«, Mont Real, siegte Rosemarie Ackermann am 28. Juli 1976 und gewann so die Goldmedaille der Hochspringerinnen mit 1,93 Meter, damals olympischer Rekord. Meine damalige Kommentierung entwickelte sich zur speziellen Konversation mit Zuhause, mit allen Sportbegeisterten in Lohsa, Bautzen, Hoyerswerda, Cottbus, Schwarze Pumpe, aus der Ecke, woher sie und auch ich stammen.

Montreal erinnert mich an Alberto Juantorena, den Kubaner, der über 400 Meter und 800 Meter siegte.

Solche Siegesdoubletten sind in Zeiten schärfster Leistungsspezialisierung selten geworden. Eine Rarität. Montreal heißt auch Edwin Moses, Kornelia Ender, die gleich viermal zur Schwimmerehrung gerufen wurde. Udo Beyer mit seinem Olympiagold, wider Viren, der neue Nurmi-Finne, Ruderer- und Kanutenerfolge in Fülle, DDR-Fußballgold mit Jürgen Croy und mit dem Dresdner aus Görlitz, Jürgen Dörner ...

Schließlich lief auch Waldemar Cierpinski in Montreal seine ersten goldenen 42,195 Kilometer. Cierpinskis Zeit, 2:09:55, bedeutete damals Olympiarekord.

Ich hockte ganz oben auf der Reportertribüne, in der letzten Reihe. Unten, im modernen Oval, sammelten sich die letzten Leichtathletikentscheidungen zum rauschenden Finale. Besonders begeisterten die Staffelrennen. Während ich das alles beobachtete und kommentierte, fesselten mich die Streckeneinblendungen vom Marathon. Als es dann hieß: »Cierpinski allein in Front. Er nähert sich dem Stadion«, kribbelte es über den ganzen Körper. Ich fieberte mit jedem seiner Schritte.

Bei einem Oslo-Aufenthalt waren wir uns vor Jahren nähergekommen. Im Bus, der uns damals vom Holmenkollen-Ausflug ins Bisletstadion mit seiner traditionellen Leichtathletikanlage transportierte, tauschten wir uns lange aus, und ich hörte von allen seinen Läufersorgen. Seither lebte ich seine Rennen gewissermaßen selber mit.

Und nun dieser Tag! Dieser 31. Juli 1976 im kanadischen Olympiastadion. Cierpinski ante portas. Wegen der letzten Stadionrunde entstand durch unsichere Kampfrichterhinweise noch viel Aufregung. Um Himmels willen, dachte ich, hoffentlich rennt er zur Sicherheit lieber eine Runde zu viel – was er auch tat. Später meinte Waldemar: »Ja, ich war nicht sicher, ist Schluss oder …? Deshalb lief ich weiter. Besser so, als anders …«

Waldemar

Zugegeben, bis zum 1. August 1980 spielte der Vorname Waldemar für mich überhaupt keine Rolle. Ich wusste weder, dass er vom Althochdeutschen waltan und mari abstammt – was walten und herrschen bedeutet –, noch dass es eine niederdeutsche Form mit Woldemar gab und dass sich neben walten und herrschen vor allem »berühmt« in dem Namen widerspiegelt.

Dann, urplötzlich, von einer Sekunde zur anderen, galt ich als der »Waldemar-Spezialist«, und manche sehen mich noch heute so. Es macht schon perplex, immer noch und immer wieder, egal, wohin ich komme, mit »Hallo, Waldemar« begrüßt zu werden. Viele wissen, woher das rührt. Doch, dass das von Hunderten, Tausenden Ausrufen, Sprüchen und Späßen hängenblieb, dieses »Liebe Väter zuhaus, haben Sie Mut, nennen Sie Ihre Söhne Waldemar …« Tja … Ich nehme es, wie es ist.

Viele wollen auch eine Erklärung hören: warum, wieso, weshalb? Welcher Teufel ritt mich, gerade das zu sagen …? Jetzt will ich noch einmal versuchen, möglichst plausibel zu erklären, wie Wörter, wie Sätze geboren werden.

Nach Cierpinskis Montreal-Erfolg war es vier Jahre später ganz und gar nicht abzusehen, ob dem Hallenser Spezialisten die Wiederholung gelingt. Zweimal Marathongold glückte bis dahin bekanntlich nur Bikila Abebe aus Äthiopien. Waldemar erklärte später, dass er niemals davon überzeugt war, seinen Triumph zu verdoppeln. Er ließ mich bei Nachfragen auch im Unklaren über seine Form und seine Siegesmöglichkeiten ... So saß ich ziemlich unbedarft auf meinem Platz im Stadion, kommentierte wieder einmal alles, was geschah, und harrte der Besonderheiten ... Waldemar, das zeigten die Bilder von der Strecke, konnte sich tatsächlich bei Kilometer 35 absetzen. Und er bewältigte diese neuralgischen fünf Kilometer in sage und schreibe 14.45 Minuten.

Dann näherte er sich dem Stadion. 100 000 Zuschauer erwarteten das Finale. Ringsherum auf der Reporterrampe raunte und kochte es. Diese Stunde erschien mir besonders hektisch, und ich versuchte, kühlen Kopf zu bewahren. Irgendwie wuchs im Unterbewusstsein das Gefühl, es könnte wieder klappen. Und nun kommt das Schwierige, was man kaum jemandem beschreiben kann, der diese Tätigkeit und speziell in dieser Situation noch nie ausführte. Hundertfaches rast durch den Kopf. Immer bruchstückhaft. Hin und her fliegen Augen und Gedanken. Wie auf hundert Schienen, die sich kreuzen, prallen beim Denken und Sprechen winzige Ideenstückchen zusammen. Sie entfernen sich, platzen auseinander, um neuen Teilchen Vortritt zu lassen. Aus einem Fetzen wächst dann, manchmal blitzartig und immer drängender, ein bestimmter Gedanke ... Mir war klar, wenn Waldemar nochmals siegt, muss dieser Laufleistung auch durch eine Reporterleistung entsprochen werden, eine, die sich abhebt von lapidaren Sätzen, von hundertmal Gesagtem, Abgedroschenem. Trägt der Zufall dem Reporter solches Glück zu, muss er mit beiden Händen zupacken. Sonst ist er keiner.

Bei mir zündete eine Winzigkeit. Kleine Ursache, große Wirkung. In der Hatz des Dauersprechens lüftete ich für einen Augenblick die Kopfhörer und wischte mir Schweiß von der Stirn. Dabei holte ich tief Luft, pfiff intuitiv ein paar Takte eines verstaubten Gassenhauers: »... und er heißt Waldemar, weil es im Wald geschah ...« Der Initialfunke!

Woher drängt das? Wie wächst aus dem inneren Dunkel plötzlich so etwas ans Licht? Gern legte ich mich beim Ergründen des bei uns allen Schwerergründlichen auf Sigmund Freuds Psychoanalytiker-Couch. Einen Satz seiner Grunderkenntnisse übernehme ich gern. 1925 schrieb der Seelenforscher über Zukünftiges: »Ich kann selbst nie wissen, ob es viel sein wird oder wenig.«

Waldemar selbst ergänzt alles mit einem Tokio-Erlebnis. Im Marathonland Japan wird der zweifache Goldgewinner hochverehrt. Selbst der Tenno, Japans Kaiser und Staatsoberhaupt, empfing ihn und stellte Cierpinski im Kreis von Politikern, Journalisten und Freunden seiner Frau mit den Worten vor: »Und dies ist der Mann, nach dem in Deutschland die Kinder benannt werden ...«

Malta

Länderspiel Nummer 198. Was für eine Insel! Welche Geschichte! Phönizische Kolonie, erstürmt, besetzt von den Karthagern, dann von Römern, Vandalen, Goten, Byzantinern, Arabern, Normannen, Franzosen, mit denen Napoleon Bonaparte kam, schließlich die Briten ... Wie und wo lässt sich historisches Kommen und Gehen und das Mitwachsen der Kulturen besser nachempfinden? Danke für das Geschenk des Kennenlernens durch das Fußball-Länderspiel Malta gegen DDR am 4. April 1981. Dass die DDR-Elf damals auf der idyllischen Mittelmeerinsel 2:1 gewann, und zwar nach ziemlich dürftigem Spiel, ist – fast – Nebensache. Hauptsache wurde die Inselvisite an sich und eine »einmalige« Übertragung ... Mit Werner Eberhard, dem angenehmen und versierten Partner vieler Radiosendungen und Reportagereisen, stolperte ich in La Valetta, der Inselhauptstadt, in ein merkwürdiges Abenteuer. Wir spazierten durch malerische Gassen, bestaunten historisches Gemäuer, besuchten den pulsierenden Hafen, kamen da und dort ins Gespräch über Land und Leute und guckten verblüfft, dass es kaum richtiges Grün gab. Der verwitterte Kalksteinboden ließ nur weniges wachsen, und, erfuhren wir, deshalb existiert auch nur ein einziger richtiger Fußballrasenplatz auf ganz Malta. Von den Engländern angelegt, wurde er gehegt und gepflegt wie Wimbledons Tennisteppiche und auch ausschließlich von ihnen, den Engländern, genutzt. So stießen wir bei unserer Stadterkundung dann auf ein echtes Maltastadion mit betonhartem Spielgrund, und, jawohl, hier sollte das Match stattfinden. Nicht gerade gelenke- und knochenschonend, dachten wir, aber damit mussten sich schon viele abfinden, also wird es ebenso mit Streich und Co. klappen. Dann, noch ganz naiv, erkundigten wir uns nach den Reporterplätzen, von wo aus werden wir sprechen ...? »Reporterplatz, Reporterplatz – Moment mal ...«, und Stadionhelfer huschten davon. Nach halbstündigem Warten kehrten sie mit der Hiobsbotschaft zurück: »Für Sie gibt es keinen Reporterplatz.« – »Wieso? Warum? Weshalb? Es ist doch alles, wie üblich, von unserem Sender bestellt und von La Valetta bestätigt?« – »Naja«, drucksten die Boten. »Naja, aber der Herr Baron, der Stadionbesitzer, lässt fremde Reporter nur herein, wenn sie für den gewünschten Platz extra bezahlen ...« Da war's raus. Uns schwante Schlechtes. Werner Eberhard, immer Frohnatur, lachte noch. Mir, als Berufsskeptiker, rumorte es schon im Bauch. Das kann ja heiter werden ... Nun fragten wir energischer. »Was bedeutet das?« – »Sie müssen bezahlen«, lautete die lakonische Antwort. »Wie viel?« – »Der Herr Baron will 1000 Dollar!« 1000 Dollar, durchzuckte es mich, so viele Dollar auf einem Haufen oder als tollen Schein haben wir beide noch nie im Leben gesehen, geschweige jetzt und auf Malta in der Hosentasche.

Kurzer Einschub zur Erklärung internationaler Gepflogenheiten. Alle Sender der Welt kooperieren miteinander. Aus heutiger Sicht muss noch hinzugefügt werden, zumindest die staatlichen oder öffentlich-rechtlichen. Man stellt sich, zumal bei offiziellen international angesetzten Begegnungen, gegenseitig notwendige Technik zur Verfügung, also Reporterplatz plus Mikrofon usw. Alle Leitungskosten werden – damals über die Post – bezahlt. Okay. Keine Probleme bisher. Doch nun Malta und der Herr Baron ...

Knappe Beratung zwischen uns, und dann Anlauf zum letzten Versuch. »Wir haben alles exakt angemeldet und entsprechende zusagende Antworten bekommen. Also, was soll's ...« – »Sie sollen 1000 Dollar bezahlen oder Sie dürfen nicht herein, also nutzen auch die vorbestellten Plätze und Leitungen gar nichts ...« Ein harter Konter! Ich muss rein haushälterisch einfügen, dass wir beide jeweils drei Tagegelder bei uns hatten, wie üblich nach dem Tagessatz von 37 DM (West), und das fürs Essen, Trinken ... Dreimal 37 macht 111, mal zwei 222 DM (West), unsere totale Barschaft. Noch einmal gingen wir beide etwas abseits in Klausur. Unmöglich, das Geld aufzutreiben. Tja, was nun? Inzwischen hatte sich unsere Schwierigkeit herumgesprochen. Zeitungsleute, die sich ebenfalls im Stadion umsahen, witterten schon alarmierende Schlagzeilen. Andere grinsten, manche möglicherweise schadenfroh. Doch wie heißt es: Ist die Not am größten ... kommt manchmal Hilfe. Ein freundlicher Mann trat zur Diskussionsgruppe und stellte sich als Trainer eines der örtlichen Fußballvereine vor. Dann: »Ich habe von Ihren Schwierigkeiten gehört, und ich kenne Sie. In Leipzig studierte ich an der DHfK (Deutsche Hochschule für Körperkultur) Sport. Das war eine schöne Zeit. Ich habe Sie oft gehört, und ich freue mich schon auf das Länderspiel ...« Er parlierte in gutem Deutsch, und ich fühlte Hoffnungswärme. »Sie könnten aus meiner Wohnung alles per Telefon übertragen!« Was für ein Vorschlag! Welch verrückte Idee! »Wo liegt Ihre Wohnung?« – »Dort, gleich hinterm Tor«, und er zeigte auf einen kleinen Häuserblock. Außerhalb des Stadions lief eine Straße, dann etwas Vorplatz, dann die Häuser. Stadionentfernung, zum Anstoßpunkt, vielleicht gute 300 Meter ... »Sie können sich alles ansehen. Mein Telefon steht zur Verfügung, also, wenn Sie wollen ...« Wir wollten. Wir telefonierten mit Berlin und informierten die Sportredaktion, was Sache ist. Klar, versucht es, hieß die Parole.

Am Spieltag hockten wir am geöffneten Wohnzimmerfenster in der zweiten Etage. Unser freundlicher Gastgeber, der Trainer und Ex-DHfK-Student, erzählte, dass er oft befreundete Familien einlädt, und dann wären alle Fenster besetzt. Mithin, ihm macht das gar nichts. Er kennt das. Wir aber nahmen »Neuland unter den Pflug«. Die Hauptsorge war, haut das mit der Leitung hin. Aus Berlin war ein Fernrückgespräch angemeldet worden, und das vorsorglich für zwei Stunden.

Es klappte. Pünktlich klingelte das Telefon, und wir gaben den Hörer 120 Minuten nicht mehr aus der Hand, korrekter, aus unseren Händen. Alle drei Minuten wechselten wir uns ab, und schon nach einer Viertelstunde übertraf die Ohrmuschelwärme alle Mittelmeerhochsommerwerte. Wir redeten und redeten. Wir verpassten auch keines der drei Tore. Die Perspektive erwies sich als mittelprächtig, denn das hintere Tor war über 300 Meter weit weg. Überhaupt blickt keiner gern aufs Stadionlängsformat, schon gar nicht der Reporter. Was soll's. Es ging, und es ging gut. Wenn es dabei überhaupt ein Problem gab, dann das ... Unsere Gastgeberfamilie hatte diesmal nicht nur zehn Mitgucker, sondern runde zwanzig. Aus purer Neugier, verständlich, gesellten sich noch drei Familien hinzu, und das schaffte Unruhe. Auch das war noch kein Hindernis. Aber die Kinder! Auf meinem Schoß saß der Familienbenjamin, gerade drei Jahre alt. Er zappelte und fuchtelte und freute sich über die Wohnzimmerturbulenzen und das Spiel. Die beiden älteren Kinder, zehn und elf, hatten jedoch noch für zusätzliche Straßenreklame gesorgt. »Zwei Fremde sprechen bei uns übers Telefon, und das zwei Stunden, und dabei schreien sie, ein Riesengaudi, kommt und hört euch das an!« Und sie kamen. Immer neue. Ein Kommen und Gehen. Mal beugten sich zwei, drei über unsere Köpfe, mal drängelten sich zwei zwischen unseren

Beinen, beäugten uns wie Zirkusclowns. Einmalig. Das war's. Einmalig wegen des Reporterplatzes, dann, dass alles trotzdem klappte, keine Störung, geschweige Unterbrechung; toll. Und einmalig, wie wir gemeinsam die 1000-Dollar-Träume des Herrn Baron austricksten. Dafür unseren unvergessenen Gastgebern einen Malteser Orden!

Stimmen

Damit keinem etwas in die falsche Kehle rutscht, und weil über Kehliges viel zu sagen ist: Hier geht es ausschließlich um das zu vermittelnde Wie, und dies bei völliger Akzeptanz, dass jedem Was Vorrang gebührt. Aber: für Sportreporter gilt auch: »der Ton macht die Musik«, zumal sie meist ein riskantes Gemisch von Fakten und Emotionen, von Allgemeinem und Persönlichem anzubieten haben. Und: Aus dem Kanon aller notwendigen Vermittlungsfähigkeiten – Wortschatzvermögen, Situationsreaktionen, Begeisterungs- und Spannungsvermittlungskönnen, Kritikfähigkeit, Wissensvermittlung, Spezialkenntnissen, Humor, Unterhaltsamkeit, persönlichem Stil u.a. … – ist der Faktor Stimme nur einer, jedoch ein urwesentlicher.

Deshalb lässt es aufhorchen, wenn nach rund siebzig Jahren deutscher Sportreportergeschichte gerade dieses ganz besondere und ganz individuell spezielle Wie immer noch verkannt wird und meist eine untergeordnete Rolle spielt. Viele der Reporter wurden nicht über das Testen gerade dieser Fähigkeit ausgewählt. Viele, die dennoch vor Mikrofone gelangten, unterzogen sich niemals oder nur sehr oberflächlich und kaum über lange

Berufslebensstrecken angeleitet, dem professionellen Kontakt mit Sprecherziehern und Stimmbildnern. Viele wurden niemals auf diesem Weg, der sie vor Millionen Rezipienten lässt, von ihren Redaktionsleitern, Chefredakteuren und Intendanten zu einer Kontrolle, zu einer Qualitätsforderung gerufen, die der Verantwortung ihrer Tätigkeit entspricht.

Künstler singen, sprechen vor Hunderten oder Tausenden Menschen. Sie müssen eine dauerhafte Stimmschulung vorweisen und stellen sich tagtäglich dem Mundwerktraining. Ein Sportreporter darf sich oft einem Millionenpublikum vorstellen, ohne dass er sein Handwerk, sein Mundwerk lernte ...

Dabei hätten sie ausreichend Anlass, diese Zusammenhänge zu begreifen und zu trainieren. Alles: Wie Stimme entsteht, wie sich Töne bilden und wie Modulationsfähigkeit wächst, wie alles Kehlige und alle Resonanzräume zusammenklingen, wie dieses Instrumentarium zu pflegen ist, um allen Situationsanforderungen gerecht zu werden, auch, ein Detail nur, wie ich das fast Schwierigste lernte, was die wenigsten können, bei der gelegentlichen Notwendigkeit, richtig zu schreien. Zu viele Fehlanzeigen sind Resultat vieler Beobachtungen. Peinliches Versagen beim Stimmkampf gegen die Kulisse von Zigtausend trotz Mikrofon- und Reglerhilfe ...

Im Gegensatz zu Schauspielern, Sängern erlebte ich noch nie einen Sportreporter, der sich einsprach, sich gezielt stimmlich präparierte, um heiß ins Rennen zu starten. Das alles kennzeichnet keine professionelle Grundhaltung. Es widerspiegelt auch kaum Respekt vorm willigen Radio- und Fernsehkonsumenten, der schließlich auch Ernährer aller Sportreporter ist ...

Veränderungen, grundsätzliche, und mit der Absicht von Verbesserungen, bleiben dringend. Sie sind, nach allen Erfahrungen, jedoch nur von oben möglich.

Intendanten, Chefredakteure, Redaktionsleiter und dazu öffentliche Fachkritik tragen die Mitverantwortung. Neue Auswahlkriterien zählen dazu. Zulassungsprüfungen, die von Fachleuten, speziell von Stimmbildnern und Sprecherziehern, dominiert werden. Ständige Überprüfungen der Mikrofonfähigkeit mit, was einstens selbstverständlich war, Erteilen einer »Starterlaubnis« per Mikrofonschein gehörte zum Grundsätzlichen …

Aber hier verdichten sich die Verdächte zum Gegengespenst, das sich nicht erschrecken lässt, denn: Es hat die Mehrheit der Betroffenen hinter sich.

Na denn: Schwamm drüber. Ohropax her und weiter so.

Als Moderator
der Sendung
»Porträt per Telefon«

... TV-Moderator

Selbst ist der Mann

Ich war immer der Meinung, ich mache etwas, wofür ich verantwortlich bin, aber am verantwortlichsten ist man doch sich selbst gegenüber. Mir war – zunächst rein gefühlsmäßig – mehr oder minder alles suspekt, bei dem ich auf viele Helfer angewiesen war. Von »Porträt per Telefon« beispielsweise liefen 254 Sendungen mit sehr interessanten Leuten ... Ich war voll verantwortlich. Und sie wurde von drei Leuten gemacht! Ein Kameramann im Studio, im kleinsten Studio von Adlershof, eine Aufnahmeleiterin, die mir geholfen hat, und ich. Es redete mir glücklicherweise auch keiner rein, weil die Sendung erfolgreich war. Ich konnte machen, was ich wollte. Je mehr Helfer man brauchte, desto unsicherer war mir zumute. Ich will mich nicht auf das verlassen, was andere mir vorbereiten. Nein. Insofern war ich – meine Freunde haben mir das freundlich gesagt, und meine Widersacher haben es mir hämisch gesagt – immer ein Einzelgänger. Solist.

Schlager im Fernsehen

Schon Ende der Fünfziger stand ich mit Margot Ebert in Oberhof bei einer »bunten Sendung« vor Live- und Publikumskamera. Es war das Übliche. Etwas Musik, etwas Artistik, etwas Wort, Soli und Gespräche. Da es wohl nicht zum Schlechten zählte, folgten bald weitere Auftritte. So moderierte ich eine der ersten TV-Quizreihen. Die Sache hieß »Richtig geschaltet«.

Zum richtigen Schlager mauserte sich ein anderes Konzept. Im Hörfunk lief seit einigen Jahren die bereits beschriebene Unterhaltung zum Thema Berlin. Mitte der Sechziger ritt mich die Idee, Ähnliches im Fernsehen umzusetzen. Die »Pilotsendung« – wie man heute sagt – hieß »Schlager aus Berlin«, Folge 1, »Schlager in der Schönhauser«. Gemeint war natürlich die Straße im Berliner Bezirk Prenzlauer Berg. Aus dem Musiktitel »Wenn in der Schönhauser die Lichter glühn ...« machten wir eine 45-minütige Unterhaltungsreportage mit Schlagersängern und originellen Berlinern, die auf dem Boulevard des Nordens lebten. Wir zogen mit Kamera und Mikrofon durch dieses Traditionsstück Prenzlauer Berg. Es klappte. Aus einer Sendung wuchs eine Reihe. Müggelsee und Alex, Grünau und Pankow, Bekanntes und weniger Bekanntes. Musik und Reportage.

Für mich bedeutete das Neuland vorm Mikrofon ...

Aus »Schlager aus Berlin« entstanden die »Schlager einer kleinen Stadt«. Just nach dem bewährten Berlin-Grundmuster zuckelten wir nun über Land. Tangermünde, Barth, Bad Kösen, Waren, Radeberg, Sohland, Arnstadt, Schwarzenberg ... wurden Stationen. In jedem Ort entstanden freundliche Zuschauerkontakte. Daran zu denken macht mich noch jetzt froh und heiter. Was war das für Zeit! Was für Arbeit! Wieder mixten wir Musik und Reporterwort. Dazu originelle Trickfiguren, die aus dem Wappentier entstanden. Mit von der Partie waren Julia Axen, Bärbel Wachholz, Chris Doerk, Annekathrin Bürger, Frank Schöbel, Rex Gildo, Rainer Süß, Eberhard Cohrs, Rolf Herricht ...

Und siehe da, es folgte noch und bis weit in die siebziger Jahre eine dritte Etappe: »Schlager einer großen

Stadt«. Wir drehten in Budapest, Warschau, Moskau, Prag, Krakau, Dresden, Rostock, Karl-Marx-Stadt. Nun zählten auch internationale Stars zum Team. Larissa Luschina, Susa Koncz, Jean-Claude Pascal, Edda Cameron, Renate Blume, Peter Schreier, Gisela May ...

Wir erhielten Anerkennung und Preise. Was ich bei dieser Arbeit lernte, kam mir bei vielen folgenden

Unterhaltungssendungen zugute. In der alljährlichen »Nacht der Prominenten« spielte ich mehrmals den Zirkusdirektor, war Illusionist mit Gerd Natschinski, ich »zersägte« Gaby Seyfert ... Es folgten Sendungen mit Helga Hahnemann und O. F. Weidling ... Runde 25 Show-Time-Jahre bis hin zur »Ein Kessel Buntes«-Moderation in den Achtzigern ... Und da mir das gerade einfällt, füge ich es an: Ich habe auch selber gesungen. Manchmal wurde ich gefragt: Warum singen Sie denn auch? Ja, warum? Ich habe Spaß daran empfunden und konnte mich immerhin mit dem, was ich am Cottbuser Stadttheater gelernt hatte, vor ein Publikum wagen.

Porträt per Telefon

Ganz schön heiß, weil live, ging es für mich bei »Porträt per Telefon« zu. Fast fünfundzwanzig Jahre, über 254 Sendungen, behauptete sich das im Programm. Ohne Teamwork wäre das nie gegangen. Von den Regisseuren bis zur Studiotechnik boten alle Qualität. Zudem galt »PpT« als eine der produktionsbilligsten Sendungen dieser Jahrzehnte. So bekamen alle prominenten Gäste, alle ohne Unterschied, fünfhundert Mark Honorar. Egal, ob Prof. von Ardenne, Prof. Felsenstein, Prof. Heinz, Prof. Klinkmann, Gisela May, Helga Hahnemann, Katarina

Witt, Prof. Dr. Dathe, Jutta Deutschland, Prof. Heisig, Gojko Mitić, Dean Reed, Prof. Kurt Masur, Prof. Althaus, Agnes Kraus, Ekkehard Schall, Ulrich Mühe … 254 Partner.

Zu Agnes Kraus. Sie war eine großartige TV-Schauspielerin, eine prima und zugleich schwierige Frau. Unberechenbar. Schon vor dem Live-Gespräch brachte sie mich mit Erzählungen verrückter Lebens- und Theaterdetails ins Schwitzen. Immer bremste ich: Agnes, muss das sein? Passt das dahin? Während der fünfundvierzig Minuten Sendung rutschte ich dann wie auf dem »heißen Stuhl« hin und her. Wird sie, wird sie nicht? Uff – es blieb beim Nicht. Als ich das – alpdruckbefreit – Agnes danach erklärte, antwortete sie Agnes-stark: »Das verstehe ich nicht … Wir wollten doch beide nur Vernünftiges sagen. Ich habe mich darangehalten.«

Für eine reine Wortsendung registrierten wir erstaunliche Zuschauerzahlen. Heinz Quermann sahen 24 Prozent aller möglichen Gucker, Marianne Wünscher 23,5 Prozent, Katarina Witt 22 … Und auch dabei ist unbestritten: Wieder gehörten zum Seherstamm viele aus der alten Bundesrepublik und besonders aus Berlin-West.

Lange vor Ausbruch der Talk-Manie versuchte »Porträt per Telefon« mit dem Live-Gespräch und den Zuschauerfragemöglichkeiten die vielleicht ehrlichste Form eines Porträts. Ohne Vorgefertigtes, Vorgestelltes, Vorgestelztes, was alles Wahrheit, Menschen-Wahrheit mindert.

Nachwendebeitrag zum Porträt per Telefon

Eines Tages tauchte eine Kameragruppe des MDR auf. Ich wurde gefragt: »Zuschauer interessieren sich für den Verbleib verschiedener Dinge. Wissen Sie, was aus der Unterschriftenwand von ›Porträt per Telefon‹-Sendungen des DDR-Fernsehens geworden ist?« Nein. Nach Monaten kehrte die Mannschaft zurück. »Wir recherchierten. Folgendes geschah: Eine Kommission begutachtete im Fernsehfundus, was noch brauchbar ist und akzeptabel. Für diese Autogrammwand gab's das Aus. Sie landete auf dem Müll.«

Parasiten

Ich zähle dazu. Ich fraß mich wie viele Fernsehmenschen auf der Welt mit satt, schmarotzte beim Moloch. Er ließ und lässt viele gut leben. Will ich aber mein Verhältnis zum Fernsehen exakter und seriöser erläutern, muss ich weiter ausholen.

1955, als ich meine erste Fernsehreportage versuchte, war der spätere Vielfraß noch ein harmloses Kerlchen. Speziell als DDR-Fernsehen. Der Zuschauerkreis war klein und überschaubar. Das Programmangebot verriet schon Klasse, bot aber noch keine Masse. Es ließ noch Lücken zum Luftholen und für andere Vergnügungen. Unsere TV-Pioniere wie Margit Schaumäker, Margot Ebert, Herbert Köfer und die frühzeitig vom Hörfunk-Sport zum noch schmalen Fernseh-Sport gewechselten Wolfgang Reichardt und Marian Homrighausen leisteten Gutes mit vielen Ideen. In mir bremste damals vieles. Ich will meine Naivität nicht vertuschen und bekennen, dass ich in diesen fünfziger Jahren felsenfest überzeugt war, das mit dem Fernsehen bleibt eine Marotte; aber der Rundfunk, das gute alte Radio, wird alles überleben und für die meisten Menschen unveränderlich Nummer eins der elektronischen Medien und Publikumsspitzenreiter sein. Das dachte ich.

Meine Urvorliebe fürs Radio beschrieb ich schon. Dort konnte ich alle angeborenen und antrainierten Fähigkeiten einsetzen. Gewohnt, selbst Bilder mit den Pinseln Sprache und Sprechen zu malen, musste ich, mehr oder minder, auf dem Fernsehsportreportagesektor ins Straucheln kommen. Ich jedenfalls wollte immer sprechen. Meine heimlichen Wünsche zielten auf Pannen. Wenn bei einem Radrennen das Feld bummelte, die Zeitorganisation ins Trudeln kam, sah ich meine Stunde. Nun mussten im Live-Programm Lücken gefüllt, lange Pausen überbrückt werden. Da lebte ich. Oder beim Fernsehen sollten sich Bildstörungen einschleichen. Das war die Gelegenheit zum improvisierten Sprachbildermalen, zu umfassenderen Schilderungen. Aber leider, diese Art »Sternstunden« gab es nur selten.

Weil das alles so war, fluchte ich manchmal über die historische Voreiligkeit des Fernsehens. Hätte das nicht alles dreißig Jahre später passieren können? Dann, wenn meine Radiomenschenzeit vorbei ist? Spaß beiseite. Daran konnte ich nicht drehen. Doch wenigstens an meiner festen Bindung. In den fünfziger und sechziger Jahren gab es die Absicht, mich ganz zum Fernsehen zu holen. Ich wehrte mich, so geschickt es ging, und beließ es bei »Ausflügen«. Das Radio blieb meine »feste Burg«. Gott sei Dank. So blieb es bis zum Ende.

Ausflug ins Morgenmagazin

Vorgeschichte.

April 1999 Anruf von ARD-Morgenmagazin WDR Köln. Anfrage. Ob ich im Juni als Co-Reporter und Sachkenner im Frühprogramm mitmachen würde ... Thema: DDR-Sport. Was war, was blieb? Jeden Morgen, drei Live-Einblendungen. Zirka sechs, sieben Minuten. Gegen 6.30 Uhr, 7.30 und 8.30.

Mehrere Anrufe folgen. Zum Thema, zum Inhalt, zur Ausführung. Zusage. Weil wichtig und richtig.

9. Juni 1999.

Besuch in Köln. Funkhaus ganz in Bahnhofs- und Domnähe. Kennenlernen der Mitstreiter. Abteilungsleiter ARD-Morgenmagazin. Gute Leute – sachlich, offen, diskussionsbereit. Gebe Okay. Rückfahrttermin fast geplatzt. Absperrungen rund ums Funkhaus. Außenministertreffen zu Kosovo-Problemen ...

20. Juni.

Start nachmittags zum vereinbarten Treffen mit Redaktion und Technik. Hatte versucht, Morgenmagazine zu sehen, weil bisher keinen Eindruck. Erstens: kein Frühaufsteher. Zweitens: noch nie Frühfernsehgucker.

Kienbaum.

50 Kilometer östlich von Berlin. Zwischen Herzfelde und Müncheberg. Ehemaliges DDR-Trainingszentrum. Von anderer Seite Kaderschmiede genannt. Geheimnisumwittert. Warum? War in den sechziger und siebziger Jahren mehrmals dort zu Interviews. Vor Friedensfahrt, Weltmeisterschaften, Olympischen Spielen. Überlege: wann das letzte Mal im DDR-Sport? Kann 1988 vor Seoul gewesen sein. Olympiaeinkleidung ...

Sehr interessantes Wiedersehen. Als ob die Zeit stehenblieb. Unterkünfte, spartanisch, aber gut. Trainingshallen, Plätze, der See. Märkische Heidelandschaft. Idyllisch. Alles unverändert. Zumindest auf den ersten Blick. Erstes Treffen mit Kumbernuss-Kollarks. Sonntagnachmittagstraining. Parke gleich neben Kugelstoßerring. Kurzes Gespräch. Beide, Astrid und Trainer-Lebensgefährte Dieter, sind mit Sohn Philipp (elf Monate) und Kindermädchen hier. Leben hier oft wochenlang. Günstig und gut. Zu DDR-Zeiten undenkbar. Astrid, beste Kugelstoßerin der Welt seit fünf Jahren, Olympiasiegerin, Weltmeisterin: »Geht wieder aufwärts. Will gleich ans Fernsehen, um Konkurrenz beim EC-Finale in Paris zu sehen ...«

Nebenan Technikaufbau vorm Unterdruckkammergebäude.

Begrüßung Ü-Wagen-Kollegen von ORB und SFB. Und WDR-Team. Besprechungen für morgen früh.

21. Juni, Montag.

Mein härtestes Problem wird akut: 5 Uhr wecken! Sauer. Obgleich vorgewarnt und tagelang »mental« (blöd!) darauf vorbereitet. Mein miesestes: Frühgymnastik muss ausfallen. Kein Bock, keine Zeit. Rasieren, Duschen. No Frühstück. Ab zum Ü-Ort. Direkt am Seeufer. Startsteg der Kanuten. 200 Meter vom Quartier. Regen! Also, Schirm aus dem Auto holen. Alle ziemlich frühmüde. Technik baute seit 4 Uhr! Gesprächspartnertreff mit Birgit Fischer. 27 mal Weltmeisterin. Fünfmal Olympiasiegerin. Die beste Rennkanutin aller Zeiten. Aus Brandenburg/Havel ...

Kienbaum-Chef: »Alles ist wie 1990. Keine Veränderungen, keine Verbesserungen. Geldmangel. Wie überall. Könnte noch immer sehr gute Trainingsergänzung sein ...« Und Kienbaum generell? »Wird wieder mehr und mehr aufgesucht. Athleten aus ganz Deutschland. Sind zufrieden. Loben Landschaft und Möglichkeiten.« Personal? »Früher um die zweihundert, jetzt etwa vierzig ...«

Fazit: Es wäre sehr gut, bliebe Kienbaum erhalten und gefördert. Meinung aller Befragten ...

22. Juni. Dienstag.

... Fahrt nach Frankfurt (Oder). In Lübbenau runter von der Autobahn. Herrliche Heimatlandschaft. Mohnblüte. Lavendelfelder. Erdbeerernte. Störche. Proppere Orte. Beeskow, Müllrose, Frankfurt.

Wieder Ortsbesichtigungen und Vorgespräche.

23. Juni. Mittwoch.

5 Uhr 30 zum Sportzentrum. Auch Frankfurt mausert sich. Ringsherum. Altes und Neues. Neben Oderlandhalle und anderen Anlagen die Boxhalle. Hier wurden Wolke, Maske, Krüger, Fink ... und, und zu dem, was sie erreichten. Sandsäcke müssten erzählen können.

Gespräche mit Bundesstützpunkttrainer Karl-Heinz Krüger, einst Europameister, WM-Dritter, Olympiadritter. Mit beiden Hustes und anderen, die jetzt Frankfurter Niveau bestimmen, vorwärts wollen. Krüger: »Beide Huste-Brüder in Sydney, das Ziel!« – Nachbarn im Trainingszentrum, junge Gewichtheber ...

Fazit: auch hier gutes Altes und manches Neue. Verhaltener Optimismus.

Frühstück. Dabei Kollegen-Wiedergabe eines Telefonates.

Ein SFB-Sportredakteur hat bei WDR-Kollegen lautstark und »arrogant« – Zitat WDR-Kollegen – gegen meinen ARD-Einsatz protestiert. »Dieser Mann, der doch den DDR-Sport bejubelte ... usw.« Echo der WDR-Kollegen, geschlossen: eine maßlose Frechheit, gegen die wir uns verwahren. Klar, dass wir gemeinsam weitermachen! Mein Zusatz: Diese Kalten Krieger tragen immer noch alte Waffen. Sie schaden. Allerdings nicht mir.

Gesamteindruck nach fünf Tagen: Immer noch ist Gutes vorhanden. Exakte Untersuchungen waren, wie vorher gewusst, nicht möglich. Dennoch wurden es hinweisende Eindrücke. Vielfach lässt man den Sport allein. Das Beste sind überall die Menschen. Sie wollen Bestmögliches. WDR-Kollegen beeindruckte Aufgeschlossenheit, Lockerheit, Normalität. Oft Gehörtes: im Westen sind solche erfolgreichen Sportler und Trainer meist überheblich, sperrig. Hier das ganze Gegenteil. Häufig fehlt West-Ost-Erfahrungsaustausch. Und auf gleicher Augenhöhe.

Morgenmagazin-Fazit: Gerade diesen Erfahrungsaustausch gab es! Gutes Resultat. Faire, kollegiale Zusammenarbeit mit WDR-Redaktionsteam und Technik. Zuschauerlob da und dort, weil diese Thematik überhaupt angefasst wurde. Dass es nur Schnappschnüsse, aber trotzdem Denkanstöße, Stimmungs- und Meinungsanstöße gab, stimmt zuversichtlich. Überraschend bleibt, dass dazu erst 1999 der Westdeutsche Rundfunk in den Osten reisen musste ...

… Reisender

Stenogramme aus Moskau

Seit dem Start Schneesturm. Berlin liegt schon zwei Stunden zurück. Es ist unmöglich, durch diesen dunstigen Mischmasch aus Weiß und Grau hindurchzusehen. Die Zweimotorige hat es nicht leicht. Sie schlingert durch das Wolkenmeer. Weiter Richtung Moskau, zu den Weltmeisterschaften der Eisschnellläufer 1955 …

Mächtiger Betrieb auf dem Flugplatzgelände. Trotz des miesen Wetters starteten und landeten fortwährend Maschinen. Die Menschen: Bauern, Offiziere, Schulklassen, Mütter mit ihren Babys, alles kam und ging, landete und flog.

Wurde von einer Dolmetscherin des Moskauer Rundfunks abgeholt. Spricht wunderbar Deutsch. Im Auto bis zum Hotel erfuhr ich sofort den Spielplan der Moskauer Theater. Hatte aber nur nach dem Bolschoi gefragt und erfahren, dass ich direkt in der Nähe wohnen würde, im Metropol-Hotel.

Habe doch Glück. Erhielt ein Zimmer im vierten Stock mit Blick auf den Theaterplatz und den Kreml. Es ist Abend. Die Stadt scheint gerade erst erwacht zu sein … Breite Autokolonnen fluten unter mir vorüber … an der einen Häuserwand flackert gleichmäßig eine Neonreklame auf … Das Bolschoi-Theater zur Rechten hat seine festliche Abendbeleuchtung, die andere Lichtflut von gegenüber stammt vom 3D-Kino, dreidimensionale Filme laufen dort … weiter links die Kremlmauer …

Und alles ist nicht – weiß! Wo ist der Schnee geblieben? Bis zu den ersten Häusern der Innenstadt war unser

Weg schneebedeckt. Und hier? Muss wohl alles weggeräumt sein. Die meisten Menschen dort unten auf den breiten Straßen tragen dicke, schwarze Pelzmützen.

Strandgespräche

Melbournes Spiele endeten am 8. Dezember 1956. Noch nicht ganz im Zeitalter des Düsenjets angekommen, mussten alle ziemlich lange warten, bevor die Propellermaschinen in Richtung Heimat abhoben. Das schenkte Muße, sich noch etwas umzusehen, Land und Leute zu betrachten, aber auch Kollegen näher kennenzulernen.

Reiner Zufall, gerade an meinem neunundzwanzigsten Geburtstag lud man uns zu einer interessanten Tour ein. Werner Eberhardt, Wolfhard Kupfer und ich bildeten den DDR-Teil im deutschen Radioaufgebot. Zur anderen, zur bundesrepublikanischen Seite gehörten auch der Stuttgarter Gerd Krämer und der Hamburger NDR-Sportchef Herbert Zimmermann. Oft dachte ich in späteren Jahrzehnten, warum sollte so etwas wie der gemeinsame Ausflug, das gemeinsame Strandfußballspiel und sachliche und freundliche Gespräche miteinander, nicht mehr möglich sein. Richtig ist wohl: zu Verstimmungen, zum Abkapseln, oder wie man es auch nennen will, gehören immer zwei Seiten.

An Melbournes Strand, vierzehn Tage vor Weihnachten unter Australiens Sommersonne und bei dreißig Grad im Schatten, begegneten wir uns schattenlos. Herbert Zimmermann, seit dem Rahn-Torschrei von Bern deutschlandweit populär, wirkte in der Runde am ausgelassensten. Wir sprachen gegenseitig Einladungen aus und tauschten Adressen. Zimmermann, der meine

Nachkriegsabenteuer und deshalb meine Hamburg-Sympathien kannte, frozzelte: »Du kannst immer kommen, musst aber immer wieder nach Hause zurück ...«

Über dem Sandmeer

Seit Stunden brummt unsere Maschine über der Wüste Sahara. Auf den Tragflächen des riesigen Vogels flimmert die Hitze. Er scheint in die Unendlichkeit zu fliegen. Unsere Blicke durch die kleinen quadratischen Fenster registrieren Stunde um Stunde das gleiche Bild: Sonne und Sand, Sand und Sonne.

An Bord des viermotorigen Passagierflugzeuges der Niederländischen Luftfahrtgesellschaft wird es langsam wieder ruhig. Die immer freundlichen Stewards haben abserviert. Nach dem letzten Gang unseres Abschiedsmenüs richtet jeder seinen Sessel zu einem Mittagsschläfchen her.

Ein kräftiger Druck auf den Verstellknopf verschafft auch mir die gewünschte bequeme Lage: aus dem Sessel ist eine gemütliche kleine Couch geworden. Im Liegen lässt sich die Welt viel angenehmer betrachten. Die Wüste unter uns bekommt dadurch allerdings auch kein freundlicheres Gesicht.

Was ist das nur für ein Stück Erde?

Wüste Sahara ... Meine ganze Weisheit über dich stammt aus der Schule: Größte Wüste der Erde, vom Gebirge Atlas in Nordafrika bis zum Sudan; regenarmes, teilweise regenloses Klima; vegetationsarm; Sanddünen bis zu 300 Meter ... Und noch dies und das.

Doch nichts, nichts stand in den Schulbüchern vergangener Tage über die Einsamkeit, die den überfällt, der Stunde um Stunde in dieses endlose Sandmeer hinunterstarrt. Kein Baum kein Wölkchen, kein Schatten …

Kein Schatten?

Doch, einen Schatten gibt es: ein schwarzes, langgezogenes Pünktchen – der Schatten unserer Maschine, die mit mehr als achtzig Menschen an Bord heimwärts fliegt.

In der Champagnerstadt

Das ist ulkig: Von Paris träumt jeder. Männer ganz besonders. Warum? Wahrscheinlich hängt das mit der größeren Portion Naivität zusammen, die alle Männer durchs Leben tragen. Mir ging und geht es kaum anders. Immer war das so. Und es wird auch immer so bleiben, vermute ich. Doch das hat jetzt nichts mit Paris zu tun. Paris gab nur den Anstoß zu solchen Feststellungen.

Das also war Paris. Mein erster Besuch in dieser Stadt. Viele, die die Welt sahen, die Welt mit tausend Städten und hunderttausend Dörfern, setzen noch hinzu, die Stadt aller Städte.

So jedenfalls habe ich gelesen. Weiß der Kuckuck, und vielleicht ist es sogar so. Vielleicht?

Mir jedenfalls war komisch. Seit dem Flug. Oder richtiger wahrscheinlich wegen des Fluges. Die Maschine hatte zwischen Berlin-Schönefeld und Brüssel so viele Schlenker gezogen, dass einem trotz der vielen tausend Flugkilometer auf dem Buckel ziemlich mulmig werden konnte. Sommergewitter über dem Kanal, hatte die Stewardess gesagt. Wenigstens eine Erklärung …

Dann rollte ich durch Paris. Von Le Bourget zum Gare du Nord. Links und rechts flitzten die Pariser Vororte vorbei. Schaufenster, Reklamen, Restaurants, Straßenkehrer, Bäume, Mülltonnen, Schaufenster. Mein Monsieur Taxi hatte alle Versuche, mit dem Parisbesuch aus Berlin ein interessantes oder pikantes Gespräch anzuknüpfen, aufgegeben …

Wieder diese Gedanken. Paris! Du bist in Paris! Zum ersten Mal und endlich! Freu dich doch! Paris – weißt du, was das heißt? … War das nicht zu riechen? Dieses spezielle Parfüm einer großen, einmaligen Stadt? Dior und Fath, Longchamps und Bois du Boulogne … Nee. Ich roch nichts. Nachmittag um halb vier duftete es nicht anders als in Berlin, Warschauer Brücke. Tut mir leid. Meine Nase musste nicht in Ordnung sein.

Olympia am Monte Mario

Als ich zu Hause, in Berlin, zum ersten Mal hörte, wir werden in der Via della Penna wohnen, ging meine Fantasie sofort auf Reisen. Via della Penna! Wie das klingt! Nach Ferien, Sonne, und – nach Schlafen! Man verzeihe die vulgäre Assoziation. Wenn schon ein Müller, Krause, Lehmann oder Oertel aus Berlin nach Rom reist …

Nach den punischen Kriegern, den streitsüchtigen Germanen Alarich und Geiserich waren wir vergleichsweise harmlose Romreisende. Vier Jahre zuvor, 1956, auf dem Rückflug von den Olympischen Spielen in Melbourne, war Rom die letzte Weltreisestation vor der Heimat gewesen. Vier Jahre waren seitdem vergangen. Ewiger Klageschrei nach der entfliehenden Zeit. Jammern, weil die Zukunft knapper wird.

In der »ewigen Stadt« war ich 1960 zum dritten Mal. Jeder Besuch der Hügel Palatin, Aventin, Callius,

Capitol, Esquilin, Quirinal, Viminal, Vatikan, Pincius und Janiculus ist eine Weltreise für sich. Eine neue Entdeckungsreise. Tausendmal nach Rom, und noch immer wäre Tausendfaches fremd, ungesehen, unentdeckt ... Rom – dieser besondere Kontrast von Geschichte und Gegenwart. Diese wundervolle Beschaulichkeit und das erregende Tempo. Das Klima und die Landschaft und – die Frauen. Gina und Sofia, Angelina und Claudia, Marcellina und Giuseppina ... Rom vom Campo Verona bis zur Villa Doria Pamfili, vom Monte Antenne bis zum Palatino.

Ja, man könnte ein Buch schreiben über Rom. Ein Buch mehr. Mille grazie, Rom! Dankeschön!

Tokio – wo die Betten bebten

Eine betäubende Stadt!

1964 zählte Tokio circa elf Millionen Einwohner. Wo wir auch hinkamen, es quirlte und kribbelte, es verwirrte und verängstigte wie in einem riesigen Termitenreich aus Glas und Beton, aus Stahl und Lichtreklamen. Alle Hauptstädte, die ich kennengelernt hatte, verblassten gegen Tokio zu einer gewissen provinziellen Zweitrangigkeit. Die dahinrasenden grellbunten U-Bahn-Züge tauchten wie Gespenster aus den Tunnelschächten auf. Über die lautlosen Rolltreppen schwebten in den Bahnhöfen und Kaufhäusern Tausende und Abertausende heran. In der Ginza, dem Zentrum des Geschäfts- und Vergnügungsviertels, überfluteten Neonlichtkaskaden und internationale Schlagerklänge in Rekordphonstärke das schon nach wenigen Tagen Tokioaufenthalt angekratzte europäische Gemüt.

»Eine narkotisierende Stadt«, erklärte ich kopfschüttelnd und resignierend Wolfhard Kupfer, dem Sportabteilungsleiter und Tokioübertragungsverantwortlichen. »Kannst du dir vorstellen, dass es hier auch mal ganz anders war?«

Ich dachte an die fünfhundertjährige Geschichte des alten Edo ...

Für mich erwies sich der dreiwöchige Aufenthalt in dieser fiebrigen Stadt geballter Spannungen als Nervenprobe, die ich nur mit Mühen überstand.

Bei Emil zu Hause

Als ich Emil Zátopek, lange nach seiner Läuferzeit, in Prag besuchte, fragte ich nach den Medaillen und Urkunden. Nirgendwo in seiner Wohnung war etwas davon zu entdecken. »Alles ist verschenkt. Weggegeben an Museen, Schulen, Vereine. Ich weiß nicht mehr, wohin überall.«

Das erstaunte mich. Da wurde Emil energisch und deutlich: »Erinnerungen trägt man in sich. Du hast sie im Kopf und im Herzen oder überhaupt nicht. Man stellt sie nicht zu Hause auf Tische und in Vitrinen und Schränke. Wir, Dana und ich, jedenfalls nicht. Wir wollen kein Museum.«

Los Angeles

Was für eine Stadt! Was für eine Städtekonglomerat! Sind es ein Dutzend oder mehr? Alles vereint zu einer gewaltigen Metropole am Pazifik. Ein Furiosum mit babylonischem Sprachgewirr. Millionen von Menschen, acht, zehn oder zwölf? Aus einem Zwerg wucherte im Laufe der Zeit ein Riese unter den Städten der Welt. Und das geschah in gerademal zweihundert Jahren. El Pueblo de Nuestra Senora la Reina de los Angeles de Porciuncula – so »kurz und knapp«, musikalisch klingend, nannte 1781 der spanische Gouverneur den winzigen Ort. Elf Familien waren Ersteinwohner ...

1983, ein Jahr vor den XXIII. Olympischen Sommerspielen, besuchten wir die Hauptstadt des amerikanischen Westens. Es sollte ein Informationstrip vor Olympia 1984 sein. Offizieller Anlass war der Leichtathletikländerkampf USA-DDR. Los Angeles, dem der Volksmund längst den bombastischen Namen aufs poppige Kürzel LA reduziert hatte, besaß – wie ich erfuhr – Hunderte Stadien, Schwimmbäder, Tennisplätze ..., aber auch fünfzehn Universitäten, über hundert Tageszeitungen, sechzehn Fernsehsender, mehr als zweihundert Radiostationen, dreißig Symphonieorchester, siebzehn Opernhäuser, hundertfünfzehn Theater, fünfunddreißig Messen ... Mir verschlug es, verschlägt es noch immer den Atem.

Und ich war ziemlich stolz, dort zu sein, und auch selber rund ums Olympiastadion zu rennen. 1983 lief ich noch in der Blüte meiner Joggerjahre ...

Natürlich fuhr ich auch mit allergrößter Erwartung und seit Jahrzehnten angestauter Spannung auch den Sunset-Boulevard hinunter, immer in Richtung Hollywood. Am Abend zuvor hatte ich im Hotel noch einen amerikanischen Kollegen mit unübertrefflicher Naivität gefragt, wie lange ich denn per pedes bräuchte. Sein Gesicht, ratlos wie noch nie, nahm fast Hollywoodactor-Format an.

So rollten wir in einem Über-fünf-Meter-Schlitten dorthin. Wie viele Kilometer? Wie lange? Ich weiß es nicht mehr. Es schien mir endlos. Villen, Restaurants, Villen, Hotels, Villen, vorbei an der aus Fernsehserien bekannten Nr. 77 – seventyseven Sunsetstrip, Cooky, you remember? Und dann am Ziel.

Enttäuschung über äußerlich kärgliche Atelierbauten, graue und fabrikähnliche Studiogebäude, Hinterhäuser, Feuerleitern, Lichtmasten, Katzen, Hunde. Dennoch: Florian staunte wie Fritzchen, der Weihnachten durch einen Türspalt guckte. Dass unsere Phantasie, unsere Erwartungsträume und Vorstellungskräfte häufig stärker als jede Realität sind, wissen wir längst.

So oder so. Es war Hollywood. Die Traumfabrik. Das Weltzentrum des Filmekommerz. Die Star-Kommune. Jeder bedient sich an den Klischees, wie er es will. Okay.

Zur Legende gehört freilich auch das Prominentenpflaster. Dort, wo man auf Maryline Monroe oder Clarke Gable herumtreten kann, manche jedoch die steinernen Namen ihrer Zelluloidhelden mit den Händen streicheln. Dazu fallen mir zwei Zitate ein, die zu meinen Ansichten passen. Alfred Hitchcock, einst Superchampion der Spannungsmacher, charakterisierte seine Branche drastisch: Film ist das einzige, wo sich mancher als Meister fühlt, bevor er seine Lehrzeit überhaupt begonnen hat ... Orson Welles (»Der dritte Mann«), als wuchtige Wucht unvergessen, maulte besonders über Regisseure: »Das ist der am meisten überschätzte Beruf und die einzige Form der Kunst, in der man fünfzig Jahre lang ohne Talent Erfolge feiern kann.« Der einzige?

Louisville

Im Frühling 1987 war's. Unsere Reise glich einem Greenhorntrip. Unsere Reportercrew flog über Wien nach New York. Ich sollte die Hallen-Leichtathletik-Weltmeisterschaften von Indianapolis mitkommentieren und dann nach Cincinnati, zu den Eiskunstlauf-Weltmeisterschaften weiterreisen. Müde und ziemlich zerschlagen landeten wir in New York, Kennedy-Airport. Etwas umständlich ging es dann per Bus zum Inlandflughafen La Guardia. Dort hockten wir wieder herum. Angeknockt. Dann riss uns eine Durchsage hoch: »Hallo, passengers for Indianapolis ...«, den Rest überhörten wir schläfrig. In der Maschine sanken wir in die Polster, beim Düsen dösten wir vor uns hin. Als der Metallvogel zur Landung ansetzte und die Fluggäste hastig ihr Handgepäck zusammenkramten, kramten wir mit und stolperten zum Ausstieg. Wir trotteten mit einem Dutzend Leute übers dunkle Rollfeld zur Abfertigungshalle. Nichts war los, Kehrausstimmung. Am Gepäckband nahmen andere ihre Koffer und verschwanden. Wir warteten. Bis das Band stand.

Verdammt, was war los, wo waren unsere Koffer? Bei fast jeder Reise löst das, weil einige Male schon erlebt, im Innersten Alarm und Hektik aus. Plötzlich waren wir hellwach. Im Trab steuerten wir einen Informationsstand an. Später musste ich dann manchmal an den erstaunten Blick freundlicher Hostessen denken, als wir die Frage losließen: Wo ist unser Gepäck? Wir müssen hier, in Indianapolis, arbeiten. Das wird noch in der Maschine sein, bekamen wir zur Antwort. Und als sich unser Erstaunen schon mit Zorn mischen wollte, fügten die freundlichen Damen hinzu: In der Maschine, die gerade abhebt und nach Indianapolis fliegt. Wir waren in Louisville, Kentucky, ausgestiegen, hatten Durchsagen und Hinweise schon in New York verpennt. Weltreisetrottel.

Nun standen wir bedeppert in Louisville-Airport herum. Doch, ruckzuck, der Rest wurde schnell und problemlos geklärt. Ein Taxi brachte uns in die Stadt. Trotz aller Müdigkeit übersahen wir am Ortseingang nicht das überlebensgroße Standbild, das im Scheinwerferlicht auftauchte. Eine Boxerfigur. Darüber in grellen Lettern: Welcome in Louisville! Hometown of Muhammad Ali!

Mit Katarina Witt
und Trainerin
Jutta Müller

... Fan

Täve

Immer aufs Neue verblüfft es, jetzt besonders Radsportanhänger von Hamburg bis München, Journalistenkollegen der alten Bundesrepublik, die sich viele Stürme bei der Tour de France oder dem Giro um die Ohren wehen ließen, wieso diese Schur-Popularität ungebrochen bleibt, eigentlich frisch wie »einst im Mai«? Selbst der Wende-Umbruch, der viele in Strudel riss, manches ins Taumeln brachte, konnte an Schur nicht rütteln.

Hieb- und stichfest kann ich auch keine Erklärung liefern. Natürlich gründet solche Sympathie zuerst auf sportlichem Erfolg. Doch gerade bei ihm wäre es ein Trugschluss, das zu stark betont und vordergründig anzuführen. Dafür ist die Verehrung zu groß.

Mehr als Täves Siege überzeugt seine Freunde, wie er das Lebensrennen bestreitet. Gustav-Adolf Schur, überall nur Täve genannt, war immer, ist und bleibt ein Mann des Volkes. Nichts beißt sich mehr, als Täve mit Star gleichzusetzen. Auch wenn er von Oben gehätschelt wurde, seine Millionen Freunde unten ließ das kalt. Und die meisten Anhänger begriffen auch, dass es überall auf der Welt mindestens ähnlich ist. Regierende suchen immer Nutzen aus der Popularität ihrer landesgrößten Sportler. Sie sind Nassauer. Nicht umgekehrt.

Täve, den ich über fünfundsechzig Jahre kenne, verweist mit Stolz auf Bodenständigkeit und Heimatverbundenheit. Niemals hob er ab. Keiner kennt Affären. Frau und Familie stehen für ihn über allem. Das Auffälligste an ihm blieb die Unauffälligkeit des Lebensstils. Keine Extra-Würste. Kontakt zu jedermann. Nur Sprüche- und Schulterklopfer, Aufdringliche waren und sind ihm zuwider. Seine vier Kinder blieben auf dem Teppich ... Die Schurs leben ohne Lack und Brimbamborium.

Emil

Es lockt mich schon, alle Eigenarten, Marotten und auch Schrullen von Emil zu beschreiben. Jeder hat sicher längst bemerkt, dass ich ein großer Zátopek-Fan bin und bleibe. Wenigstens das Wichtigste seiner Läuferlebensresultate in Kürze: vier Gold-, eine Silbermedaille bei Olympischen Spielen; dreimal Europameister, achtzehnfacher Weltrekordler von 5000 Meter bis 20 000 Meter; zwischen 1948 und 1954 blieb er in achtunddreißig 10 000-Meter-Läufen ungeschlagen, und insgesamt bestritt Emil in achtzehnjähriger Laufbahn 334 wichtige Rennen. Höhepunkt der Rekorde war bestimmt die Stundenleistung, denn er schaffte als Erster mehr als 20 Kilometer, exakt waren es am 29. September 1951 in Stara Boleslav 20 052 Meter, und die Tatsache, dass Emil Zátopek als erster 10 000-Meter-Läufer unter 29 Minuten blieb.

Erstmals begegneten wir uns in Helsinki 1952. Doch bis dahin las ich schon alles über diesen einzigartigen Läufer, was mir in die Finger kam. Außerdem bat ich Kollegen vom tschechoslowakischen Radio um alle möglichen Auskünfte. Was Emil dann im Olympiastadion vor 60 000 Zuschauern »verbrach«, ähnelte einem Rififi des Langlaufsports. Hauptbeweis sind die 5000 Meter. Emil, die Lokomotive, trieb fauchend alle Konkurrenten bis zum körperlichen Einbruch. Er knackte jeden »Tresor«. Selbst die allerstärksten, Mimoun, Schade, Pirie, Chataway ... Emil brachte Reporter zur Strecke. Rings um mich herum, auf der Zieltribüne, sah ich um Luft ringende Sprech-Athleten, die sich gleichfalls bis zum Umfallen verausgabten, Emil dankten und verfluchten.

Ich hechelte mit. So etwas hatte ich noch nie zuvor erlebt. Vierzehn Minuten Rennverlauf komprimiert zum Olympia-Drama. Als dann, nach mehrfachem Führungswechsel, nach ständigem Tempodruck, den Emil mit seiner Spezialmixtur aus Intervall-, Ausdauer- und Tempotraining ermöglichte, als dann der Brite Chris Chataway eingangs der Zielgeraden stürzte, Emil und der für Frankreich startende Algerier O'Kacha Alain Mimoun auf die Tribünengerade stürmten und Emil schließlich mit letzter Tempoverschärfung Gold eroberte, schien das Stadion vor Begeisterung zu bersten. Alle schlecht konditionierten Radioreporter – das Fernsehen spielte noch keine Rolle – sanken ermattet, fix und fertig auf ihre Sitze ...

Mir kam es vor, als lebte, schrie und kämpfte ich auf einem anderen Stern. So etwas hatte ich, der Cottbuser, nie geträumt, nicht einmal geahnt. Emil verschaffte mir die Ersterfahrung, was Reporter*arbeit* sein kann.

Und – wie Emil lief ...! Lief?

Er schnaufte, keuchte, wackelte, zappelte. Wieder. Oder, korrekter, wie immer. Beim 10 000-Meter-Lauf, vier Tage zuvor, sah ich ihn so zum ersten Mal. Ich erschrak. O wei, dachte ich, dieser Mann muss gleich sterben, mindestens aber zusammenbrechen ... Nichts da. So rannte nur einer. Emil.

»Ich pfeife auf einen guten Stil. Ich laufe, wie ich laufe. Hätte ich Wert darauf gelegt, meinen Stil zu verfeinern, es hätte doch nur Zeit geraubt. Die nutzte ich besser für meine Form. Andere sagen, so lässt man nur Pferde arbeiten ... Na und? Dann bin ich eben der beste menschliche Galopper.« Von Zátopek stammt auch die kluge Bemerkung: Vogel fliegt, Fisch schwimmt, Mensch läuft. *Wie* – unwichtig, Hauptsache, dass ...

Jede Laudatio für Emil wäre unvollständig, sogar unkorrekt, bezöge sie nicht Dana, seine Frau, mit ein. Schon das ist einmalig: Beide sind am selben Tag geboren – am 19. September 1922 ... Und: Niemals zuvor und bis jetzt auch niemals danach gewann ein Ehepaar vier Goldmedaillen bei Olympischen Spielen. In Helsinki schaffte Emil Gold über 5000 und 10 000 Meter sowie 42,195 Marathon-Kilometer. Dana siegte im Speerwerfen, das just zur Stunde des verrückten, stressenden 5000-Meter-Laufes. Das gab's wirklich nur einmal.

Helmut Recknagel

Vieles Wintersportliche meines Reporterlebens verknüpft sich mit Recknagels Taten und Triumphen. Besonderen Stoff, aus dem Reporterträume sind, vermittelte er 1962 im polnischen Zakopane. Dort ritt er zum Doppelweltmeister durch die Lüfte und stand tollkühne Sprünge. So etwas vergisst man nie. Aber auch das nicht, was 1960 bei seinem Olympiasieg im US-amerikanischen Squaw Valley geschah.

Im Tal der Indianerfrau gewann er als erster deutscher Skispringer eine Goldmedaille. Keiner konnte ihm damals das Wasser reichen. Nicht der Finne Halonen, der Österreicher Leodolter, der Russe Kamenski oder der Norweger Yggeseth, und auch nicht Max Bolkart, der Bayer aus Oberstdorf, der als Olympia-Sechster gleichfalls hervorragend sprang. Und, was Recknagel-Auftritte bis zum Ende seiner glanzvollen Karriere effektvoll machte – er segelte konservativ zu Tale. Als andere längst mit den Händen an der Hosennaht im Däscher-, Fisch- oder Harry-Glaß-Stil neue Stilnoten einheimsten, entriss Recknagel immer noch mit weit vorgestreckten Armen – wie weiland Birger Ruud – seinem Vogelflug Meter um Meter. »Das ist und bleibt ein möglicher Stil«, behauptet er bis heute und fügt hinzu: »Wer will beweisen, ob das nicht wiederkehrt?«

Jutta Müller

Ich erschrecke. Oft, wenn ich zurückschaue, doch nun ganz besonders beim Aufschlagen des Kapitels Eiskunstlaufen. Unglaublich, wo sind die Jahre geblieben! Wie raste die Zeit davon ... Denn vierzig Jahre war ich beim Eiskunstlaufen zu Hause. Mal sehr, dann wieder weniger engagiert. Aber immer mit Sympathie. Und die letzten zwanzig Jahre als Fernsehkommentator. Von Ende der Sechziger bis zu Katarinas Sportkarriere-Finale. Sie verliefen extra-heiß.

1949 begann die Freundschaft mit den Kufenkünstlern. Klar, vorher wusste ich schon von Sonja Henie, Herbert/Beyer und so. Doch das war weit weg. Als jedoch zur Ostzonenmeisterschaft 1949 in Schierke eine junge Frau namens Jutta Seyfert, später Jutta Müller, mit einer Frau, Irene Salzmann, zum Paarlauf antrat und siegte, da wurde ich hellwach. Warum zwei Frauen als Pärchen starteten, lässt sich schnell erklären. Männer waren noch rar. Männer, die Schlittschuhkünstler sein konnten, ganz besonders. In Schierke vollzog sich ein Startkuriosum in einer Sportart, die dann vierzig Jahre allergrößte Erfolge brachte. Getrost darf man diesen Zeitraum als »beste deutsche Eiszeit aller Zeiten« rühmen.

Ja, Jutta Müllers Name gehört an den Beginn, und nicht, weil sie damals auch mit am Anfang stand. Sie avancierte in jenen Jahrzehnten nicht allein zum erfolgreichsten Eiskunstlauftrainer der Welt. Jutta Müller setzte Markierungen. Sie schrieb nicht, sondern sie ist Eiskunstlaufgeschichte ... Diese Frau speziellen Formats, in Siegen und Niederlagen, die weder sich noch andere, die mit ihr Leistungen erstritten, schonte, schenkte dem DDR-Sport, dem deutschen Sport zwei Olympiasieger und vier Weltmeister. Eine Serie von Europa- und Landesmeistern. Dutzende Medaillengewinner.

Aber noch viel mehr steckt dahinter. Wer wie ich den Alltag dieser Frau kennenlernte, lernte ihre Lebensleistung, ihre Lebenshaltung insgesamt kennen. Alles, was sich nicht mit Platzziffern ausdrücken lässt.

Katarina

In oder aus dieser Großfamilie wuchs Katarina Witt zum Weltstar. Und sie weiß, für alle anderen, am besten: allein tat, tut sich nichts. Alle Küchenwald-Stadion-Helfer, zuvorderst die Eltern, und zuverlässige Freunde gehören dazu ... Im Kükenstadium, bei ersten Schritten und Figuren sah ich sie, und dann im Riesenjahrzehnt ihres Weges zum Champ begleitete ich Katarina als Fernsehkommentator. Auch bei größten Siegen, den Goldenen von Sarajewo 1984 und Calgary 1988. 1989 kommentierten wir noch gemeinsam die Weltmeisterschaften in Paris-Bercy. Dann trennten sich die Wege.

Ihre B-Notenvorzüge sind mir so gegenwärtig wie manche A-Noten-Nöte. Unübertrefflich im Künstlerischen, kargte sie mit den Schwierigkeiten. Doppellutz/Dreifachtoelopp und Dreifachtoelopp/Doppeltoelopp, Dreifachsalchow im Kombinationen bedeuteten neben anderen ihre Hauptsprungattraktionen. Manchmal mäkelten Experten, dies reiche nicht aus. Es reichte immer. Vor allem, wenn es hart auf hart ging. Da übertraf sie sich. Dann war sie die beste Katarina, die es gibt. So in Sarajewo, in Cincinnati, in Calgary. Hingen die Trauben am höchsten, sprang sie auch am besten, sogar den Dreifachrittberger.

Überhaupt, Jutta Müller und Katarina, beide Dezembergeborene, leben im Sternzeichen der Schützen. Ich ebenso. Zusammengeraufte raufen länger. Und, extremes Schwanken zwischen Depression und Ovation, zwischen Euphorie und Zorn, legt Schöpferlust für Dauerleistungen frei und führte zu ihrer souveränen, seltenen Klasse.

Daran denke ich bei Cole Porters »Kiss me, Kate« nach Shakespeares »Der Widerspenstigen Zähmung«. Das könnte Lebensdrehbuchvorlage für beide Frauen geworden sein. Fürs Streiten, fürs Gewinnen. Und Porters wunderbares »Wunderbar, wunderbar ...«, die schönste Melodie darin, drückt vielleicht am besten und nachhaltigsten den Stempel, das Siegel auf beider Leistung. Wie Kate-Katarina nach ihrer Sportkarriere in den USA und in anderen Ländern die Profikarriere fortsetzte, die Wege als Superstar der Eisrevuen und Eisshows einschlug, liefert ein nächstes Kapitel, das für deutsche Verhältnisse einmalig ist. Nach dem Calgary-Sieg vom 27. Februar 1988, den 27 Prozent aller möglichen USA-Fernsehzuschauer, sechzig Prozent aller DDR-Seher miterlebten, war schon abzulesen, ihr öffneten sich Tür und Tore zu neuen Erfolgen. Bei »Holiday on Ice«, im Film »Carmen on Ice« führte Katarina fort, was ihr mit der Carmen-Suite, der Maria aus »Westside-Story«, als Crazy Girl Jubel und Medaillen brachte. So, wie ihr einst in Karl-Marx-Stadt der Choreograph Jan Suchy Möglichkeiten wies, förderten in den USA und Kanada, vor allem künstlerisch und geschäftlich, Brian Orser und Brian Boitano ihr Können und Wollen. Und darin ist sie – es ist nicht sehr höflich, dies auf eine junge Dame zu beziehen – eisern, hartnäckig, zäh, beharrlich; da scheut sie weder Fleiß noch Schweiß.

Pelé

Zuerst stelle ich diese Visitenkarte mit allen Leistungen und Taten voran: Edson Arantes do Nascimento, 1940 im brasilianischen Tres Coracóes geboren, genannt die »schwarze Perle«, begann 1952, zwölfjährig im Barfuß-Team Sete de Sétembro, und schon damals rief man den Sandfußballer Pele. Er wechselte dann in das Jugendteam des FC America Rio de Janeiro, danach zum FC Bauru und schließlich, 1956, zum FC Santos, wo er mit sechzehn Jahren sein Profidebüt gab und bereits kurze Zeit später – immer noch sechzehnjährig (!) – in Brasiliens Nationalmannschaft einzog, mit der er viermal um die Weltmeisterschaft spielte und dreimal Weltmeister wurde. Und weiter: In jeder nationalen Meisterschaftssaison erzielte er über siebzig Tore. 1959, Brasiliens Rekord – 127! In 93 Länderspielen schoss er achtzig Treffer. 1977, im endgültigen Abschiedsspiel seiner fünfundzwanzigjährigen Laufbahn, gelang Pelé im 1363. Match seiner Karriere sein 1287. Tor. Pelé brach alle Rekorde. Nach dem Schlusspfiff dieses einmaligen Fußballerweges arbeitete er als Rundfunk- und Fernsehreporter und war auch eine kurze Zeit Trainer.

Zu keinem anderen Fußball-s-p-i-e-l-e-r fiele es mir ähnlich leicht, anerkennende Worte in Hülle und Fülle zusammenzutragen. Pelé war und bleibt für mich der allerbeste. Nie zuvor und nie danach sah ich einen Ball-Zauberer auch nur annähernd gleichen Formats.

Ali

September 1960 war's, als ich im römischen Palazzetto dello Sport den siebzehnjährigen Halbschwergewichtler Cassius Clay siegen sah. Polens ausgezeichneter vielfacher Landesmeister Pietrzykowski, den ich von anderen Kämpfen kannte, hatte gegen den US-Youngstar nicht die geringste Chance.

Noch nie zuvor – und auch nie mehr danach – begeisterte mich ein Boxer dermaßen. Cassius Clay, ein Faustkämpfer, Faustfechter im Lehrsinne des englischen Fecht- und Boxlehrers James Figg aus Oxfordshire, der bereits um 1700 seine These von der »edlen Kunst der Selbstverteidigung« proklamierte und demonstrierte. Box-Benjamin Cassius tänzelte wie Fred Astaire in Hollywoodhochform durchs Seilquadrat. Er boxte flink und elegant. Er narrte, phantomgleich, alle Kontrahenten und zeigte, was und wie Boxen sein kann. Cassius Clay – der Pelé der Boxer.

Dass sich Heißsporn Cassius selbst zum »Größten« ernannte, sei ihm nachgesehen. Er war und ist ein Großer. Nicht nur seine Faustkämpferhaltung, sondern seine Lebenshaltung, seine Alltagssiege und Niederlagen machen Muhammad Ali zum Champ der Champions. Zu Hause in Louisville schleuderte er die eben in Rom erkämpfte Goldmedaille von der Jefferson County Bridge in den Ohio-Fluss, weil ihm all die Heuchelei und der Schwarzenhass zuwider waren. Einerseits umschmeichelten sie ihn, den »Sohn der Stadt«, der den bislang »schönsten Triumph für Louisville nach Hause brachte«, all die katzbuckelnden Obrigkeiten, Bürgermeister und Gouverneur, Figuren, die immer und überall zur Stelle sind, um im Glanz populärer und erfolgreicher Sportler Selbstbespiegelungen zu erfahren. Aber einheimische Weiße verwehrten dem Olympiasieger weiterhin den Zutritt zu Restaurants und Kinos, in denen »Nigger« nichts zu suchen hätten.

Ali widerstand Hohn und Spott, Drohungen und Erpressungsversuchen, als er 1967 den Wehr- und Kriegsdienst in Vietnam verweigerte. Der Champ, der Archie Moore, Floyd Patterson, Sonny Liston, George Foreman, Joe Frazier und andere Meister bezwang, der Millionen Boxfans rund um die Welt in Atem hielt, wurde zu fünf Jahren Gefängnis verurteilt. Drei Jahre, bis der Oberste Gerichtshof der USA schließlich 1970 das Urteil aufhob, stahl man ihm so den Weltmeistergürtel. Kaltgestellt, »im Exil« – wie er sagt – an den Pranger der Öffentlichkeit genagelt, musste der Golden-Gloves-Gewinner, der

Olympiasieger und Weltmeister aller Klassen tausendfach Schmähungen wegstecken. Doch Ali ging nicht k. o. Er widerstand. Und er schaffte sein Comeback. 1996, von schwerer Krankheit gezeichnet, von Honoratioren wieder gehätschelt, trug Ali erneut zur Freude von Millionen das Olympiafeuer ins Atlanta-Stadion.

Ich bin noch immer dankbar fürs kurze Händeschütteln, damals in Rom. Ich verehre Muhammad Ali.

Am Schreibtisch
an der (guten alten)
Erika-Schreibmaschine

... Kritischer Kopf

Tod und Journalismus

Als mich nach zwei kurzen Berufs-Sprints (Schauspieler, Lehrer) das Riesenglück erwischte und ich auf die Journalistenlebensmarathonstrecke gelangte, fassten mich auch viele Ängste. Kannst du das wirklich? Genügt deine Stimme? Reicht dein Wissen? Was bedeuten Moral, Anstand, Vorbild bei dieser Tätigkeit? Was darf man, was nicht? Was verantwortest du? Was musst du tun, um selber in Form zu kommen, in Form zu bleiben, deine Qualität zu verbessern? Und, und, und ... Und ich weiß, das juckt heute viele Journalisten und »Journalisten« überhaupt nicht, und manche von denen werden jetzt auch sofort zum lässigen Konter ansetzen: Der Wichtigtuer, Spinner, der hat's gerade nötig ... Ja! Er hat es nötig. Noch heute, nach sechzig Journalisten-Tätigkeitsjahren – Training muss sein. Stimme muss bleiben. Und, und Haltung – auch.

Jetzt nenne ich ein Schicksalswort: Winnenden, März 2009. Jenes tragische Geschehen, Ängste, die bis heute in den Knochen sitzen, alles fällt mir ein. Was mir dabei auffiel. Zum Entsetzlichen gesellte sich das Entsetzliche einer Art Journalismus, die auch erschreckt. Mit welcher Portion Schamlosigkeit schwärmten, Fliegen gleich, »Journalisten« durch die kleinen Orte trauernder, gelähmter Menschen, um »den Job« zu verrichten. Welchen Job? Fragen, Nerven, Heucheln, Belästigen ...?

Pfui Teufel! Und, o Graus!, auch das von uns bezahlte öffentlich-rechtliche Fernsehen nahm – wieder einmal – die Chance wahr, spezielle Nicht-Qualität zu beweisen. In den besinnlichsten Situationen der langen Direktübertragung nutzten »Journalisten« genannte Mikrofonhalter jede Chance persönlicher Wichtigtuereien mit primitiven und überflüssigen Fragereien: »Was empfinden Sie ? Woran denken Sie? ...«

Denken denn diese »Journalisten«? Doch schon in anderen Zusammenhängen (Peking, Fußball-WM ...) musste gefragt werden: Wer lässt das zu? Welche Qualitäten besitzen die Verantwortlichen?

Es bleibt auch die Befürchtung: Darf heutzutage jeder, der genügend Dreistigkeit und etwas Protektion besitzt oder erhält, ans Mikrofon? Welche Qualitätskriterien sind beim Journalismus dieses Jahrhunderts überhaupt noch gefragt?

Ich weiß, es ist der Notruf vieler: Tod diesem Journalismus!

Moloch

Fressen, verschlingen, unersättlich sein. Rein, rein, rein. Immer wieder und immer mehr rein in den riesenhaften, tiefen, schrecklichen Schlund. Das ist ein Moloch. Der Menschenfresser steht sprachbildlich aber auch für einen unersättlichen Götzen. Ein Götze gilt als Abgott. Abgötterei ist Fetischismus. Fetischismus wiederum ist Götzendienst. Und das alles ist Fernsehen. Der Moloch unserer Zeit.

Milliarden unterwerfen sich tagtäglich, Millionen Eltern werfen ihm Kinder »zum Fraß« vor. Bedien dich! Bedient euch, Mädchen und Jungen, am Nimmersatt, bis dass die Augen tränen, Kopf und Sinne verdreht sind. Um Himmels willen! Wo sind die Medikamente, die einen TV-Virus killen? Nur Waffengewalt ist stärker. Und einige böse Krankheiten.

Die TV-Medienmacht macht Politik. Stützt und stürzt Politiker. Belehrt und verkehrt die Menschheit. Eine sensationelle Erfindung und Absicht mutierte zur Maschinerie. Die Möglichkeit ist zum Muss verkommen. Sehbares wird unübersehbar.

Ich kann übers Fernsehen nichts Besseres schreiben. Andere sahen es noch gelassen: Robert Lembke, meisterlicher Medienkoordinator bei den Olympischen Spielen 1972 in München, bezeichnete Fernsehen als »Nachfolger der Gartenlaube«. Vittorio de Sica sah in ihm »das einzige Schlafmittel, das mit den Augen eingenommen wird«, und Orson Welles, »Der dritte Mann«, verachtete es als »Kaugummi für die Augen«.

Ich dramatisiere. Weil ich keine Genesung erkenne. Im Gegenteil: Der Mensch wird immer leichtere Molochbeute. Er folgt auch beim Fernsehkonsum seinen gefährlichsten Fehlern. Statt sich freiwillig und bewusst zu mäßigen, statt zu begreifen, weniger ist mehr, will er immer mehr. Wenn der statistische Durchschnittsgucker tagtäglich vier Stunden vorm Bildschirm verbringt, addiert sich das zu rund tausendfünfhundert Stunden in einem Lebensjahr. Innerhalb von fünfzig Jahren wären das fünfundsiebzigtausend Moloch-Stunden, circa 3125 Tage, also acht (!) Lebensjahre! Wer bekommt da keinen Schreck?

Doch, Fernsehen war, ist und bleibt eine großartige Erfindung. Es kann segensreich sein und die Lebensqualität erhöhen. Es könnte.

Talent und Stimme

Ich war im Gegensatz zu vielen Offiziellen in DDR-Zeiten und bin noch heute der Meinung, es gibt nur ein Kriterium: An der Spitze steht die individuelle rhetorische Begabung und Eignung. Alles andere kann man, wenn man nicht faul ist, lernen. Alles.

Es kamen Meinungsäußerungen, auch von Dozenten, nein, das Wichtigste in diesem Beruf sind die Sportkenntnisse, das Wissen über den Sport und dergleichen mehr.

Ich sage: Gerade nicht. Wissen kann man sich aneignen, Talent hat man, oder man hat es nicht. Ich bin mit den Reportern von heute ziemlich unzufrieden. Und bin auch fest davon überzeugt, dass die Unzufriedenheit nicht von irgendeinem Altersstarrsinn herrührt, nach dem Muster: früher war alles besser, und wir waren sowieso die Besten.

Es gibt heute im Sport keine Reporter, die rhetorisch originell sind. Die meisten sind rhetorisch einfach untrainiert, andere faul und viele ganz einfach nicht geeignet. Es ist unabänderlich für unseren Beruf, dass man, neben vielem anderen auch, Stimme mitbringen muss. Mit einer Stimme, die an sich schon zu hoch oder zu nur wenig Modulation fähig ist, kannst du nichts machen.

Und weißt du, woran ich gute und schlechte Reporter zuallererst erkenne? Ich höre ihnen ein paar Minuten zu, und wenn einer das erste Mal schreit, dann weiß ich, ob er überzeugen kann. Schreien ist für einen Reporter das Allerschwerste. Das kann so jämmerlich klingen! Aber ich merke dann auch, dass in der Ausbildung offensichtlich kein Wert auf solche elementaren Dinge gelegt wird. Denn schon bei der Auswahl der Leute müsste man sagen, das geht nicht, er wird nicht weit kommen, weil es die Stimme nicht bringt.

IOC

Beim marathonlangen und intensiven Nachdenken: Siebzehn Olympische Spiele hast du miterlebt, davon im Sommer die von Helsinki, Melbourne, Rom, Tokio, Mexiko-Stadt, München, Montreal, Moskau, Seoul – wo war's am angenehmsten? Ich komme zu keinem anderen Schluss: die ersten drei sind meine Sieger. In Helsinki, Melbourne und Rom war die Olympiawelt nicht nur noch ziemlich heil, sondern es blieb auch sonst fast alles auf dem Teppich der Bescheidenheit, Land und Leuten angepasst. Rom setzte den Schlusspunkt. Später wurde Großzügigkeit immer deutlicher durch Großmannssucht ersetzt, und ständig stärker drängte das Fernsehen den Spielen seine Gesetze und Forderungen auf.

In Rom beherrschte noch der Rundfunk die Szene. Show war noch nicht angesagt …

Was aber in diesem Jahr noch immer ein gravierender unolympischer Fakt war: die relative Intoleranz gegen Frauen, weibliche Teilnehmer bei Olympia. 610 Frauen standen in allen Rom-Disziplinen 4738 Männern gegenüber. Ein Zeichen unerträglicher Männer-Hochnäsigkeit. So, wie der ansonsten hoch zu würdigende Pierre de Coubertin schon 1896 zur Renaissance der Spiele und ihrer Idee Frauenstarts nicht einmal in Erwägung zog, durfte in den folgenden sieben Jahrzehnten neben den

Königen, Prinzen, Fürsten, Generälen und Millionären, die sich in diesem Olympiagral IOC vereinigten, nicht eine einzige Frau jene erlauchte Männermannschaft stören.

Politik und Sport

Es ist ein Schattenkapitel meiner Erinnerungen und schwer zu beschreiben. Es ist auch bedrückend für den Sport dieser vergangenen Jahrzehnte. Immer krasser, hemmungsloser und verhängnisvoller drängen sich politische Absichten und Brutalität ins olympische Geschehen. Coubertins Ideen, seine Olympia-Renaissance 1896, erhielten in der Folgezeit schwere Dämpfer.

Bereits nach nur fünf Spielen, von 1896 bis 1912, blieben die für 1916 in Berlin vorgesehenen sechsten Sommerspiele aus. Der von Deutschland entfachte Erste Weltkrieg verursachte gewaltige Wunden, schadete auch Olympia. Als Folge schloss die Olympiafamilie Deutschland 1920 und 1924 von den Spielen aus.

Nach dem Nazi-Propagandaspektakel 1936 in Berlin zündete drei Jahre später Deutschland wieder einen Krieg. Verheerende Verbrechen und grausame Bilanzen waren das Resultat. Und wieder mussten deshalb deutsche Sportler den ersten Nachkriegsspielen, 1948 in St. Moritz und in London, fernbleiben.

1972 verübten arabische Terroristen in München ein Attentat auf Israels Olympiamannschaft. Es kam zum entsetzlichen Massaker auf dem Flughafen Fürstenfeldbruck. Siebzehn Tote warfen einen Schatten der Furcht und Empörung auf die Spiele, die nach eintägiger Unterbrechung weitergingen …

Danach setzte die Serie der Boykotte ein. In Montreal blieb 1976 ein Großteil afrikanischer Länder fern. 1980 in Moskau distanzierten sich die meisten West-Länder wegen des Eingreifens sowjetischer Truppen in den Afghanistan-Krieg vom sportlichen Wettstreit. Dazu in dummer Konsequenz mussten 1984 nahezu alle Ost-Länder komplett und »aus Solidarität« zur Sowjetunion die Spiele in Los Angeles boykottieren. Den DDR-Sportlern wurden so alle Startchancen geraubt, wie den Sportlern der Bundesrepublik vier Jahre zuvor.

Unterm Strich bleibt die Erkenntnis, dass machtpolitische Bestrebungen von allen Seiten dem Sport, den Menschen nur Schaden bringen. Pharisäerhaft demonstrierten die Barcelona-Spiele 1992 olympische Friedlichkeit. Doch tausend Kilometer vom Medaillen-Schauplatz entfernt riss ein mörderischer Krieg auf ehemals jugoslawischem Boden neue Wunden. Als 1996, beim Olympia-Rendezvous in Atlanta, im Centennialpark unter 50 000 flanierenden Besuchern eine Attentatsbombe explodierte, schockierte das die Olympia- und Fernsehwelt letztlich nur noch für Stunden. The show must go on, ist längst oberste Maxime.

HFO daheim,
in Berlin-Köpenick

Heinz Florian Oertel über …

… Heimat

Ich bezeichne mich als einen durch und durch überzeugten Brandenburger, Märker, Spreewälder. Heimat ist für mich vor allem das Lebensfeld zwischen Cottbus und Berlin. Wie oft bin ich diese Strecke gefahren! Mit dem Bummelzug, dann mit dem D-Zug, wenn er, aus Breslau kommend, in Cottbus hielt – und ich das Geld hatte, zu bezahlen. Damals kam ich aber zu dem Schluss, dass ich für das, was in mir ruhte und was ich mir erträumte, Cottbus hinter mir lassen musste. Es war nicht so, dass mir irgendjemand zugeredet hätte. Ich wusste es einfach, und es hat mich angetrieben.

… Sportliche Auseinandersetzungen

Nach dem, was ich als junger Mensch erlebt hatte, war mir wichtig: Sport ist das Gegenteil von Krieg. Sport führt Menschen zusammen. Für Sportler gibt es nur eine Absicht: sich gegenseitig zwar besiegen zu wollen, aber mit fairen, mit anständigen Mitteln und nicht mit Waffen und mit Munition. Da ich Krieg hasse, ist es auch logisch, dass ich Sport verehre und Sportanhänger wurde. Ich mag den Sport nicht nur, weil er über viele Jahre mein Brotgeber war, sondern weil ich ihn für sehr, sehr wichtig halte für das friedliche Zusammenfinden der Menschen.

... Breitensport

Neben dem Geld- und Goldsport lebt immer noch, weil unsterblich, der »kleine Sport«, der für jedermann. Freizeit- und Erholungssport, Vereinssport, Seniorensport, Kinder- und Jugendsport ... Dort ist zwar die Sportwelt auch dann und wann »erkältet«, aber und zum Glück noch nicht richtig krank. Dieser Sport war und ist und bleibt »des Volkes wahrer Himmel«. Gott sei Dank ...

Vergessen wir nie, Sport soll Vergnügen, meinetwegen auch Belustigung bleiben. Nehmen wir das Wort Sport beim Wort! Lustiger, freundlicher, immer friedlich! Und, klar, er kann, er soll uns auch gesund erhalten oder wieder gesünder machen. Sport ist und bleibt ein gesellschaftlicher Tausendsassa. Er ist ein Magnet, zieht Menschen an und führt sie zusammen. Es lebe der Sport!

... Vielfalt

Gerade dass wir verschieden sind, Westfalen und Mecklenburger, Thüringer und Schwaben, Spreewälder und Schwarzwälder ... das alles kann doch gut und angenehmster deutscher Reichtum sein – wenn, ja wenn der Grundkonsens vorhanden ist: Wir gehören alle zusammen, akzeptieren und respektieren uns, sind vor dem Gesetz alle gleich und machen gemeinsam Deutschland tolerant und stark!

... Die deutsche Verfassung

Für alle 80 Millionen gilt dieselbe Lebensspielregel, das Grundgesetz der Bundesrepublik. Mir scheint es ebenso richtig wie wichtig, oft daran zu erinnern. Alle Deutschen können nach und mit diesem Gesetz nicht nur gut leben, sondern auch stolz darauf sein. Allerdings erfüllt sich diese Hoffnung nur, wenn die jeweils regierenden Politiker und Parteien das Grundgesetz von 1949 immer weiter respektieren. Nur dann wird es, bleibt es tatsächlich Gesetz ihres Handelns und unseres Zusammenlebens.

... Parteien

Wichtigster Satz des Grundgesetzartikels 21 ist der erste: »Die Parteien wirken bei der politischen Willensbildung des Volkes mit.« Achtung – bitte genau interpretieren: ... wirken mit! Wie aber spielen sich die Parteien auf? Ich meine Parteien, deutsche Parteien aller Couleur. Sie mengen, mischen sich, drängeln in nahezu alles Gesellschaftliche, Wirtschaftliche, Kulturelle ... Und das noch oft mit dümmlicher Penetranz.

... Lokalpolitik

Politiker sind immer mehr in die Kritik geraten. Das ist ein gutes Zeichen von Demokratie. Und mein Grundrespekt vor ihnen ist ungebrochen, wenn sie ehrlich sprechen und handeln, wider das Motto »Omnis homo mendax« – Alle Menschen sind Lügner. Meine allergrößte Hochachtung gehört allen Grunddemokraten, die direkt beim und mit dem Volke arbeiten. In Gemeinden, Kreisen, auf dem Land den Bürgern dienen. Dort ist es am schwersten, bei wenigen Mitteln gibt es stärksten Kontakt. Tag für Tag treffen sie ihre Wähler, müssen Rede und Antwort stehen, im Bäckerladen und Kindergarten, bei Hochzeiten und Beerdigungen. Sie besitzen keine Altersabsicherungen, keine lukrativen »Nebenjobs«. Sie tun. Tag für Tag, dort, wo des »Volkes wahrer Himmel« ist.

... Kritiker

Irgendwann weiß man, Widersacher gehören genauso dazu wie Verehrer. Ich bekam nach meinen ersten großen Erfolgen viel, viel Zustimmung. Und dann traf ein Brief ein: Sie erzählen vielleicht einen Mist. Da war ich ganz erschrocken, weil ich davon ausging, dass bei aller Anstrengung in meiner Arbeit auch für mich gelten sollte: nobody is perfect. Selbstverständlich habe ich versucht, mein Bestes zu geben. Dass es nicht immer gelingt, ist nun mal leider so. Also, es hat mich sehr, sehr erschreckt, und ich war sauer. Aber ich lernte, mich damit auseinanderzusetzen, und es kamen auch vernünftige Menschen, die mir halfen, die mir sagten: Mensch, denke doch mal dran, der größte Entertainer der Welt, der beste Sportler, der bekannteste Journalist, überhaupt jeder, der an die Öffentlichkeit tritt, sieht sich mit Leuten konfrontiert, die nichts von ihm halten, die ihn unsympathisch finden. Mit der Zeit habe ich das akzeptiert, ja, es muss auch diese geben und sie gehören irgendwie dazu. Letztlich ist es sogar gut zu wissen, dass es Leute gibt, die mit dir nicht einverstanden sind. Vielleicht ärgert man sich, aber es spornt auch an. In meiner Hoch-Zeit, also in den fünfziger Jahren, nach den ersten großen Erfolgen in Helsinki und Melbourne und bei den Friedensfahrten, erlebte ich, wenn ich ins Stadion kam und die Leute mich erkannten, dass sie aufstanden und klatschten. Daher wusste ich, es gibt – sagen wir es ganz vorsichtig – 51 von 100, die zu dir stehen. Und kluge Leute sagten mir: Du, 51 Prozent ist der Sieg. 49 Prozent ist eine große Summe, aber denke an diejenigen, die dir den Sieg verschafft haben. Es gibt keine hundertprozentige Anerkennung. Anders gesagt, Leute wie du und ich sollten dankbar sein, wenn sie kritische Stimmen zu hören oder zu lesen bekommen, das hält wach und nimmt einem diese vielleicht doch vorhandene, zu starke Selbstüberzeugung. Also, man muss damit leben können. Ich sage aber auch, heute fällt es mir leichter als in jungen, aktiven Jahren, es so zu sehen.

... Ranglisten

Sportreporter verzapfen sprachlich manchen Unsinn. Andere Menschen freilich auch. Ob in einer Negativrangliste Sportreporter vor oder hinter Politikern liegen, müsste erst noch genauer untersucht werden.

... Leistungssportler

Ich habe eine Hochachtung vor jedem, der Leistungssport betreibt. Denn ich weiß, was das an Fleiß, an Hartnäckigkeit, an Disziplin erfordert. Und auch, welche Entbehrungen es mit sich bringt, will man es so weit bringen. Schon deshalb imponiert mir jeder Sportler. Wenn er darüber hinaus noch ein anständiger Kerl ist und eine Type wie beispielsweise Bolt, dann macht mich das ziemlich glücklich. Sie sind für mich die besten Unterhalter, die es gibt.

... Die DDR

Ich habe in der DDR einen großen und wichtigen Teil meines Lebens verbracht. Dort habe ich zu meinem Beruf gefunden, habe meine Frau kennengelernt, unsere Kinder wurden geboren. Ich habe eine Arbeit gemacht, die mir Freude bereitete und offenbar auch dem Publikum gefiel. Es entstanden Freundschaften, die bis heute halten. Es gab vieles, was mir nicht gepasst hat. Aber wir sollten die guten Erfahrungen der Vergangenheit auch dann achten, wenn sie in der DDR gemacht wurden. Das ist noch immer nicht selbstverständlich. Die große historische Chance, die wir mit der Vereinigung bekommen haben, erfordert noch viel Arbeit. Ich sehe die Einheit als Gewinn, aber ich sehe uns, die Deutschen, noch immer auf dem Weg zur wirklichen Einheit. Auch in Sachen Rente, tatsächliche Gleichstellung der Frauen ... Dazu gehört, dass wir unsere Geschichte als gemeinsame deutsche Geschichte begreifen, auch die Zeit der Trennung, die es ohne den verbrecherischen Zweiten Weltkrieg nicht gegeben hätte. Und ich sehe Defizite. Mehr als die Hälfte der Deutschen ist mit dem demokratischen Alltag unzufrieden; ich gehöre dazu. Natürlich gibt es hier keinen Vergleich mit der DDR. In der DDR gab es keine solchen demokratischen Verhältnisse, leider. Aber ich hab auch als Bundesrepublikaner bemerkt, wo neben dem grundsätzlichen Vorteil die Nachteile der Demokratie liegen.

... Parteimitgliedschaft

Ich war in der SED, bin als junger Mann in die KPD eingetreten ... Ich bin in der Partei geblieben, weil ich wollte, dass manches im Osten, wo ich lebte, wo ich arbeitete, wo ich bekannt war, wo mir Leute dann und wann zuhörten und manche auch zustimmten, dass ich da half, manches zu verändern. Das kann man nur, wenn man sich zu einer Sache bekennt. Ich bin gewissermaßen nicht als bekennender SED-Mann aktiv gewesen, sondern als aktiver Ostler. Es war meine Überzeugung, dass in Deutschland wenigstens versucht werden musste, etwas Neues aufzubauen.

... Ehe

Beim Rundfunk lernte ich meine spätere Frau kennen, die als Technikerin im Aufnahmeraum arbeitete. Sie ging dann zum Fernsehen zur Schneidetechnik, Bildschnitt. Da waren wir bald verheiratet. Wenn ich öffentlich gefragt wurde, habe ich immer Zustimmung erhalten, wenn ich in den Saal hineinrief: Wer ist anderer Meinung, wenn ich jetzt sage, die meisten Beziehungen zwischen Mann und Frau entstehen am Arbeitsplatz? Die Leute lachten, und es meldete sich nie einer, der widersprach. Ich bin überzeugt davon, dass es so ist ... Das Geheimnis ist sicherlich neben dem, was man Liebe an sich nennt, dass meine Frau die Arbeit, die ich hatte, von der Pike auf kannte und von allem, was geschah und auch hinter den Kulissen ablief, wusste. Sie war mir auf diesem Gebiet immer eine echte Helferin. Das ist sicherlich mit das Wichtigste, glaube ich.

... Doping

Meine Haltung zum Doping ist klar: Ich verabscheue Doping, jedes Doping. Es wird nicht nur im Sport gedopt. Wie viele Millionen Menschen dopen sich tagtäglich, um im Lebenskampf zu bestehen? Im DDR-Sport ist gedopt worden, im bundesdeutschen ist gedopt worden, und keiner sollte mit dem Finger auf die oder auf die zeigen. Ich würde immer fragen: Warum wird gedopt, und wie verhalten sich die Verantwortlichen dazu? Und Verantwortliche sind nicht Journalisten, auch wenn es ihre Pflicht ist, darüber zu berichten. Aber die Verantwortlichen nehmen Doping hin, weil sie im Sport in mehr oder weniger direkter Weise davon profitieren.

... Fußballmillionäre

Buddha, so steht's in den Büchern, suchte zeit seines Lebens und bei strengster persönlicher Askese die Menschen vom Ich-Betonten wegzuführen, er sah im Begierlichen Ursache allen Leids und postulierte Sittengesetze. Darin heißt es neben anderen Forderungen: »Der Sinn des Lebens liegt nicht in der Anhäufung materieller Güter, sondern im Gegenteil, in der Überwindung des Wunsches nach Besitztümern ...«

Jetzt wüsste ich gern: Wie stehen unsere Ballstoßmillionäre dazu? Kann es – aus alltagsphilosophischer Sicht – gut sein, dass ein Elitekicker, sagen wir, 5 Millionen Euro im Jahr bekommt, was bedeutet, bei 50 Pflichtspielen im Jahr pro Partie 100 000 und pro Minute, auch wenn er gar nicht am Ball ist, circa 1111 Euro ...? Ich weiß, in den Augen der Profis und ihrer Amateurphilosophen ein blödes Thema und dumm, immer wieder in diesem Antibuddhistischen herumzustochern und dann vielleicht noch dermaßen unrealistische Vergleiche zu ziehen: Ein Normalrentner erhält nach vierzig Arbeitsjahren oft nicht mal solches Minutengeld für einen ganzen Monat, mithin 432 000 Minuten ...

... Pensionen und Renten

Das wüsste ich zu gern: Wie denkt der liebe Gott über Millionäre, über Banker, die mir vierzig Lebenslenzen schon sicher wissen, dass sie Millionen an Pensionen geschenkt bekommen ... Von wem eigentlich? Das Wort Pension ist französischen Ursprungs und meint, nach dem Lateinischen »pendo«, was »Zugewogenes«. Rente hingegen mit dem Ursprung »reddere« – zurückgeben, zahlen ... Ja, wir, die Millionen, zahlen drauf. Wo die Millionen schon sind, stützt und schützt der Staat.

... Feinkost

Ich probierte Trüffel noch nie. Wahrscheinlich hindert mich mein ostproletarisch geprägter Kartoffel-mit-Bockwurst-Geschmack.

... Journalismus heute

In den letzten zwanzig Jahren lernte ich, Trüffelerschnüffeln ist eine probate Produktionsform der Gesprächsführung ... Denn aus circa einer Stunde Aufnahmematerial wird geschnitten und geschnippelt, um an den für sie trüffligen Kern gewünschter Absicht zu gelangen; und gesendet wurden, werden ein paar Sätze, ein Zielverhältnis 60:1 oder ähnlich. Pfui Teufel?

Jedenfalls riecht es hier nach Giftpilzigem. Tut das dem »Aufarbeiten« gut? Ich stelle nur fest: Meine persönliche journalistische Gesprächsform war anders.

Zum einen vollzog sich etwa 95 Prozent dessen, was ich in Sportsendungen oder bei »Porträt am Telefon« machte, live. Total. Mit einem anderen Wort: ehrlich.

... Die DEFA

Sehr gern nutze ich die Chance, den Tausenden Menschen, die für die DEFA arbeiteten, meine Anerkennung erneut auszusprechen, die bestimmt auch der Meinung von Millionen Ostmenschen entspricht. Wir alle, unsere Kinder, sind mit Meisterwerken aus Babelsberg aufgewachsen. Ob »Die Mörder sind unter uns«, »Der Untertan«, »Solo Sunny«, »Spur der Steine«, »Der geteilte Himmel«, »Paul und Paula«, viele Märchenfilme großartiger Klasse wie »Das kalte Herz«, »Der kleine Muck« ... ach, ach, ach. Das alles bleibt und gehört uns.

... Laufsport

Langes Laufen gehört zu meinem Leben. Hundertprozentig zu meinem Reporterleben. Als Alltags-Oertel gehörte ich lange Zeit zu den Laufmuffeln. In der Schule war ich schwach und ein 3000-Meter-Zwangslauf wurde das Allerlängste. Beim Barras verbuchte ich jedes Laufenmüssen als Strafe. Später dann, als ich langsam Mensch wurde und mir eine Körpergewichtswaage leistete, erkannte ich freizeitliches Laufen als Überlebenschance. Und ich lief, solange die Knochen mitmachten ...

... Friedrich Schiller

Dass ein so großer Mensch, so großer Geist, neben Goethe, das Größte von uns, dass er nur fünfundvierzig Jahre alt werden durfte, zählt zum Tragischen unserer Kulturgeschichte. Indes, unvergänglich bleiben alle seine Texte, von denen nun Hunderte, viele Hunderte zu zitieren wären. Ich erinnere nur an Markantes: »Etwas muss er sein eigen nennen, / oder der Mensch wird morden und brennen.«

... Gleichberechtigung

Frauen! Noch immer werden sie misskreditiert. Schlaumeier und bewusste Negierer müssen es sich gefallen lassen: Das war in der DDR besser! Ich weiß, wie jetzt Herrschende zusammenzucken, wie geflucht wird und die Litanei der Verdummung gesungen: ewiggestrig, ostalgisch, undankbar. Lasst sie so zetern! ... Jeder, der will, wirklich will, könnte sich mit den Fakten vertraut machen. Hier nur: Frauen standen, klar, nach Befähigung, alle Türen offen, auch die, wo Männer fest die Klinken hielten. Und: Frauen wurden exakt wie Männer bezahlt! Hier und heute werden sie meist mit 75 Prozent abgespeist.

… Straßenverkehr

Oft wimmeln die Hauptstraßen von großstädtischem Verkehr, und es ist, weiß Gott, kein Spaß mehr, Verkehrsteilnehmer zu sein … Weil Gefahren zuhauf entstehen, korrekter ausgedrückt, drohen, sollte man, müsste man einige Regeln verändern. Welche denn, bitte, wird zurückgefragt?

Nun knallt's, jetzt platzt der Reifen!

Geschwindigkeitsbegrenzungen!

So lang das Wort, noch länger nun das Fluchen. Des Deutschen wichtigstes Mit-Arbeitsmittel, des Deutschen allerliebstes Freizeitkind, *sein* Auto soll bewusst langsamer fahren? Wer solches denkt und dann noch öffenltich macht, tickt nicht richtig oder kommt aus Hinterhinterpommern. Mir ist klar, eine dermaßen furchtbare Forderung oder Bitte macht Stunk. Na und? Es stinkt doch tagtäglich aus Millionen Auspuffen, meint der Stänkerer und fühlt sich im Recht … Jeder soll sich – so er hat und kann – gut versichern und dann ab mit 200 Sachen. Ich überdenke schon bei 150 Stundenkilometern, wo ist das nächste Krankenhaus. Deshalb – nun lass ich endlich die Katze aus dem Sack – deshalb generelle Tempobegrenzung auf Autobahnen bei 145, und – Achtung! – im Stadtstraßenverkehr bei 40, in Buchstaben: vierzig! …

Für mich galt und gilt immer noch: Tempo, Tempo, Tempo ist kein gutes Lebensmotto.

... Muhammad Ali

Immer wieder werden Ali-Erinnerungen wach, immer wieder, wenn ich per TV heutiges Profi-Boxen sehe.

Das erste Mal sah ich Ali, damals noch Cassius Clay, 1960 bei den Olympischen Spielen in Rom. Er beeindruckte mich wie alle, die im Palazzo dello Sport zuschauten, und bei seinem Finalkampf im Halbschwergewicht gegen Polens Meister Pietrzykowski waren es knappe 15 000. Jetzt, mit dem Zeitabstand von fünfzig Jahren, will ich mich hüten, immer noch ins Schwärmen zu geraten. Aber ich saß am Ring, baff, und erlebte einen Boxer wie später nie mehr, jawohl, niemals mehr. Cassius umtänzelte den Routinier, der ohne Chance war. Wenn für mich jemals der Begriff Faustfechten akzeptiert wurde, dann an jenem 5. September.

... Gehaltsverhältnisse

Das Jahreseinkommen unseres Bundeskanzlers oder der Bundeskanzlerin verglichen mit dem des Deutschen Bank-Chefs bedeutet eine schallende Ohrfeige gegen Anstand und Vernunft. Wenn der Letztgenannte das Dreißigfache (!) kassiert, kann man nur den Kopf schütteln. Solch Zustand ist eine Volksbeleidigung. Wer erkennt hier noch tatsächliche Leistungs- und Verantwortungsmaßstäbe oder ursprüngliche und echte Werte?

... Die Sturmspitze am runden Leder

Stürmer sind des Fußballs Feuermacher. Sie bringen uns das Ziel des Spiels: Tore. Sie machen das Kraut fett.

... Falsche Helden

Wo sehen Meinungsmacher Helden? ... Besonders der Missbrauch des Begriffes Helden in der Sportwelt hat zugenommen, wahrscheinlich, weil die Reporter der heutigen Generation noch weniger von deutscher Geschichte wissen. Deren tumbes Heldengeplapper degradiert den Wert des Wortes. Beispiele nur: »Der Held des Spieles, der Held des Tages, der Tore-Held, die Helden der Weltmeisterschaft ...«

Bisher wählte ich nur Beispiele aus der total überbewerteten Fußballwelt. In anderen Sportarten und dort mit anderen Reportern wird Ähnliches »verbrochen«.

Immer wenn es um Sprachmissbrauch und um Helden-Beleidigung geht, hole ich mir Rat bei Victor Klemperer. Seine »LTI« – Lingua Tertii Imperii – »Sprache des Dritten Reiches« in »Notizbuch eines Philologen«, 1947 erschienen, setzt Maßstäbe und müsste Pflichtlektüre an Universitäten oder Abendschulnachhilfestunden für Sportjournalisten sein. Wohl erneut ein frommer Wunsch ... Klemperer erinnert: »Der Heros ist ursprünglich ein Vollbringer menschheitsfördernder Taten ... Heroismus ist umso reiner und bedeutender, je stiller er ist, je weniger Publikum er hat, je weniger rentabel er für den Helden selber, je weniger dekorativ er ist.«

... Fernsehen

Brot und Spiele, dieses kluge Juvenal-Wort, bezog der römische Satiriker auf die damalige lasterhafte Gesellschaft. Es galt, und es gilt. Bis heute. In brutalem Deutsch ausgedrückt: Gib dem Menschen zu fressen und lenke ihn ab mit allem möglichen Firlefanz. Er ist ruhiggestellt. Ich nenne es baldrianisiert. So lässt er sich vieles beibringen. Allerstärkste Waffe ist dabei das Fernsehen. Mit der wunderbaren verführerischen Erfindung verbringt der Heutige Tausende und Abertausende Stunden seines Lebens. Und er lässt sich einlullen; verdummen darf ich wohl nicht schreiben, oder?

... Buchmuffel

Ein Drittel aller Deutschen, das sind circa 27 Millionen Evas und Adams, liest nie ein Buch! Wenn das Goethe, Schiller, Lessing im Himmel zugetragen wird, werden die sich bei Petrus entschuldigen, Deutsche zu sein. Und Schiller schrieb schon 1799 an Goethe: »Den Deutschen muss man die Wahrheit so derb sagen als nur möglich.« Na dann los und nicht lange gefackelt: In Deutschland, dem Land der großen Dichter, nehmen die Nicht-Leser ständig zu, und in Bälde zählen wir zu den Spitzenreitern der Welt-Buchmuffel-Liga.

... Angst

Sie begleitet uns durchs ganze Leben. Die Urangst vorm Ende, die ständige Angst vor Krankheit, Unglück und Elend bis dahin. Damit leben alle Menschen seit Menschengedenken. Jeder Mensch lernt im Laufe seines Lebens damit umzugehen. Mehr oder minder wenigstens, und manche lernen es nie. Psychologen lehren, Angst ist immer ein Zustand, bei dem Gefahr erwartet wird. So gerät Angst zur Schutzfunktion für Körper und Seele. Zum persönlichen Schutz vor Angst gehört deshalb, Angst als Normales zu betrachten. So weit, so gut.

Mich drückt vor allem die Angst, die mir zielbewusst andere Menschen machen. Ganz besonders die Angst, die als Mittel zur Macht dient. Angstbereiter, Angststrategen zählen zur Menschengruppe der besonderen Bösewichte. Sie agieren und ziehen ihre Machtstrippen in Firmen und Betrieben, in der Politik, sie sind überall. Sie ängstigen andere mit direkter oder indirekter Drohung, die Druck erzeugt. Wenn du nicht so, dann ... Dieses Druckerzeugen erhöht, stabilisiert die Macht und macht Betroffene ohnmächtig.

... Weibliche Politik

Frauen an entscheidenden Stellen der Macht, auch der Weltmacht, würden die Welt besser aussehen lassen, auf jeden Fall bestimmt friedlicher. Meine Begründung: Wer Leben schenkt, riskiert es nicht so leicht und lebensliederlich wie Männer, die noch heute brutal über Leben und Töten mittelalterliche Entscheidungen treffen.

... Das Potenzial der Kirche

Ich schließe mich gern den Äußerungen von Bischof Reinhard Marx an, »verlässliche Haltungen, die wir in einer Demokratie voneinander erwarten können« seien »sehr stark von einer Vernunftethik geprägt, die auch von Menschen geteilt wird, die nicht glauben«.

Würden das Mächtige endlich begreifen und danach vorleben, selbst tolerant und tatsächlich kleinen und großen Frieden stiftend, ich würde – wenn es so weit ist – im Himmel Gott umarmen wollen und selig, überglücklich schreien, dafür: Gott sei Dank!

... Kinder

Kinder an die Macht – von Herbert Grönemeyer stammen Text und Musik dieses schönen Titels. Sein »Gebt den Kindern das Kommando, sie berechnen nicht, was sie tun, die Welt gehört in Kinderhände« drückt aus, was viele, viele empfinden, die Kinder lieben und – vielleicht das Wichtigste – die selbst Kinder haben.

Immer und immer wieder, Tag für Tag, fast in jeder Zeitung, in Büchern, in Sendungen, lesen wir, hören wir diesen gesellschaftlichen Aufschrei: Wir brauchen mehr Kinder! Hauptargument: sonst können wir die Zukunft nicht mehr bändigen, sonst gehen die wichtigsten, die Gesellschaft bindenden und beruhigenden sozialen Sicherungen flöten. Was auch bedeutet und Menetekel für Millionen ist: Renten werden immer dürftiger, Selbsthilfe, Selbstabsicherungen alterslebenswichtig. Richtig. Sehr richtig. Aber, klingt das nicht auch vorrangig kaufmännisch, materiell, merkwürdig kalt? Bräuchten wir nicht alle mindestens ebenso, eigentlich viel, viel mehr die Kinderwärme der Gegenwart? Es erschreckt zu schreiben, viele Jetzige sehen Kinder als Last, als Kostenfaktor, der nicht zu beherrschen ist. So furchtbar ist es, dies zu schreiben, viel furchtbarer ist es noch, dass Menschen in schlimmer sozialer Situation recht haben. Ja, deren Platz in der kalten Gesellschaft ist ein unterer und gefährdeter, ohne soziale Sicherheit, mit sehr viel Angst. Alles Umstände, Zustände, die kinderfeindlich machen ... Wie kommen wir jemals raus aus diesem Teufelskreis? Wenn in einem dermaßen in Schieflage geratenen Staat alles Sozialgesellschaftliche ins Wanken kommt, machen Kinder- und Familienfreudigkeit keine Ausnahme. Im Gegenteil. Wobei es dazu noch die kennzeichnende Gegenteiligkeit gibt: Ärmere bekommen, leisten sich noch öfter Kinder als Reichere.

Dabei landen wir an einem Knackpunkt der Spaßgesellschaft. Man kann es drehen und wenden, wie man will: Alles spiegelt eine gewachsene, weiter wachsende Egoismushaltung, deren Stärke maßgeblich von der Stärke des Geldbeutels bestimmt wird. »Ich« kann mir das leisten, »ich« will so leben, »ich« lasse mir keine Vorschriften machen, »ich« bestimme, wie ich lebe, auch mit oder ohne Kind ... Wollen wir »Schluss mit lustig« machen, müssen wir zuallererst den überwuchernden Egoismus in die Flucht schlagen!

Doch meinen wir es mit der Zukunft unserer Gesellschaft wirklich ehrlich, hoffen wir, wünschen wir »mehr Kinder braucht das Land«, dann muss das Land auch alle Lebens- und Bildungsbedingungen für Kinder und Eltern verbessern.

... Sport an der Basis

Da, wo schon viel ist, wird immer noch mehr hingepumpt. Bäume werden oben gegossen! Dort, wo Blüten blühen, farbige Früchte hängen ... Kommunen, Länder, Großsponsoren platzieren ihr Geld meist beim bereits Gewordenen, aber viel zu selten dort, wo erst was werden will. Man möchte schreien: Unten, ganz unten sind die Wurzeln! Guckt endlich wieder richtig hin! Stellt die Welt nicht auf den Kopf! Werdet, handelt normal! So trudelt der Sport in Richtung Verderben.

Übungsleiter, die Kindern und Jugendlichen helfen, sich im ABC ihres Sportes zurechtzufinden, Übungsleiter, die Kinder von der Straße holen und Menschlichkeit und Toleranz und Fairplay vorleben – wer unterstützt sie und wie? Kleine Vereine, die zu Wettkämpfen reisen, wer gibt ihnen Geld, und mehr als einen knappen Zuschuss? Bürgermeister heben meist macht- und schuldlos die Hände. Sie können nicht. Wer dann? Gäbe es nicht immer noch Freunde, kleine Sponsoren wie die Handwerker, und vor allem die Eltern, die trotz vieler Probleme selbst zusetzen, längst setzte es vielerorts Pleiten. Glücklich die Orte, die Vereine, die noch auf Sportlehrer bauen können und solche, die über die offiziellen Sportstunden hinaus Freizeit verschenken.

Normal müsste auch sein, dass diejenigen, die einst unten Unterstützung empfingen, es als oben Angekommene wieder zurückzahlen. Voran alle Tennis-, Fußball- und anderen Millionäre. Genau das täte auch dem Sportkreislauf gut. Gäben sie nur ein Prozent vom Jetzigen – absolut oder jährlich –, wäre das fürs Unten ein Riesengewinn. Immerhin, ein Prozent von einer einzigen Million sind schon 10 000 Mark. Für Kleinvereine ein himmlischer Segen, der sie jubeln ließe. Siehe, das gibt es noch, alles Gute kommt von oben …

… Wahlheimat

Ich wäre nie irgendwohin in den Süden gegangen. Wenn ich eine Wahlheimat hätte nehmen müssen, wäre die Reihenfolge gewesen: Schweden an der Spitze, Norwegen Nummer zwei, Dänemark Nummer drei. Nirgendwo anders.

… Die Lausitz

Dieser Sommertag ist von der besten Sorte. Sonne flimmert überm Heideland. Märkische Heide, märkischer Sand. Alle Nichtlausitzer staunten immer ungläubig, wenn wir von prima Pilzfunden auf diesem ärmlichen Boden erzählten. Pfifferlinge, die wir, weil's hier auch Sorbenland ist, Kokoschken nannten. Grünlinge, die inzwischen wohl ausgestorben sind. Aber dieser schöne Tag von heute, aber auch die verregneten, die im Winter, da sich der Schnee von Kohlestaub schwarzfärben ließ, alle waren und bleiben immer schöne, gute Tage, weil es Heimattage waren.

... Das Alter

Wie du im Laufe deines Lebens mit dem umgegangen bist, was dir in die Wiege gelegt wurde, was du zugelassen oder unterdrückt, was du daraus gemacht hast, das weißt du jetzt. Das Ergebnis liegt vor. Dein Leben.

Natürlich hat das Alter viele Nachteile. Aber einen wirklich entscheidenden Vorteil: Du bist ziemlich frei! Es kann dir keiner mehr! Du bist frei in deiner Meinungsäußerung, du kannst tun, was du gern tust. Und wenn du das dann auch noch umgeben von Familie und guten, langjährigen Freunden kannst, dann sind da große Dankbarkeit und viel Glück.

... Frieden

Unbesiegt lebt in mir eine Utopie: Menschen könnten vernünftiger und friedlicher werden. Und größer, viel, viel größer als alles, was mir der Sport, die olympische Idee später gaben, bleibt der naive, herrliche Traum: Es ist Krieg, und keiner geht hin.

Unvergessene Reporter-Sprüche

Schwimmwettkämpfe:

»Und jetzt wickeln die Frauen ihre 100 Meter Brust ab ...«

Fußball-WM 1974, BRD gegen DDR, Schwenk über die DDR-Fankurve im Hamburger Volksparkstadion:

»Hier sehen Sie unsere Touristen!«

Eiskunstlauf, Gabriele Seyfert setzt zur Pirouette an:

»Jetzt dreht sich ihr Röckchen im eigenen Wind.«

Über Manfred Deckert, Skispringer der achtziger Jahre:

»Der Mann mit den Pferdeschenkeln!«

Volle Emotion für den Fußball:

»Wenn ich Haare hätte, ich würde sie mir raufen!«

Geher Hartwig Gauder, später Olympia-Sieger im Gehen, überschätzt sich bei einem seiner ersten wichtigen Rennen in Chemnitz mit der Startnummer 123 maßlos, wird durchgereicht und schließlich überrundert:

»1, 2, 3, will denn keiner mehr vorbei?«

Christine Wachtel gewinnt das Weltcupfinale über 800 Meter 1985 in Canberra:

»Der Wachtelflug!«

Helmut Recknagel holt sich 1962 in Zakopane den Skisprung-Weltmeistertitel:

***»Das war kein Menschensprung mehr,
das war ein Adlersturz!«***

Fußballer Hartmut Schade stürmt aufs gegnerische Tor zu, hat die Entscheidung auf dem Fuß:

»Schade, Schaade, Schaaaaade … schade.«

Der erste Friedensfahrt-Etappensieg von Täve Schur bahnt sich an, 1955:

***»Jetzt springen schon die 45 000 von den Sitzen –
der erste große Schrei steigt vom Himmel,
ein Tornado von Beifall entdeckt Gustav-Adolf
Schur … Wir haben gewonnen! … Ich freue mich
so unsäglich, für ihn, für mich, für uns alle!«***

1988 über Skispringer Jens Weißflog:

»Jens, jeh aufs Janze!«

Beim 5000-Meter-Lauf der Herren, Olympische Spiele 1960 in Rom, Hans Grodotzki holt Silber:

»Alles, meine Hörer, an diesem glitzernden, brennenden Sommertag, schrumpft zusammen unter dem Feuer dieses Laufes ... Donnerwetter, Donnerwetter, Donnerwetter! Zweihundert Meter noch bis zum Ziel – jetzt muss es werden. Alles Schmückende fällt jetzt ab, hier bleiben nur noch Satzgegenstand, Satzaussage ... Los! Er läuft, er kämpft!«

Emil Zátopek läuft seinem Sieg im 10000-Meter-Lauf bei den Olympischen Spielen 1952 in Helsinki entgegen:

»Allen geht die Puste aus! Mir auch! Aber ich muss mitfliegen!«

Waldemar Cierpinski wird Marathon-Olympiasieger in Montreal, 1976:

»Wir springen mit ihm auf. Solche Leistungen, solche Sieger würdigt man mit größtem Respekt. Und wenn man steht, dann wird die Verbeugung tiefer! ... Sie sollten in Halle die Fenster aufreißen, Sie sollten auf die Straße gehen – das ist eine einmalige Leistung ... Das ist der große Held dieser Spiele, der Champion vom Scheitel bis zur Sohle.«

Waldemar Cierpinksi wird zum zweiten Mal Marathon-Olympiasieger, Moskau 1980:

»Man möchte sich an den Zeiger der Geschichte hängen, um die Uhren anzuhalten, weil die Größe dieses Augenblicks für eine Momentaufnahme eigentlich viel zu schade ist. Was hat dieser Mann geleistet? Der Sieger von Montreal auf dem Siegerkurs von Moskau. In Bikila Abebes Pfaden: Halles Waldemar Cierpinski. Liebe Zuschauer zu Haus, das ist ein einmaliger Triumph! Liebe junge Väter vielleicht, oder angehende, haben Sie Mut! Nennen Sie Ihre Neuankömmlinge des heutigen Tages ruhig Waldemar! Waldemar ist da!«

Friedensfahrt 1963, als die Fahrer die Steile Wand von Meerane anfahren:

»Jetzt beginnt das Kraxeln der Gemsen auf dem Velo ...«

Die 100-Meter-Läufer bei den Olympischen Spielen 1964 in Tokio begeben sich an den Start:

»Mit eisernen Spikes werden nun die acht schnellsten Männer der Welt ihre Autogramme in diese rote Aschenbahn von Tokio ritzen ...«

Über die Reporter beim Vierermannschaftsradrennen, Olympische Spiele in Rom, 1960:

»Und wir sind alle einer hübschen leichten Macke nahe ... Wir sitzen hier mit Strohhüten wie auf einer spanischen Hazienda.«

Marathonlauf in Rom 1960, Ankunft von Bikala Abebe:

»Jetzt fallen nun die Schatten des frühen südlichen Abends über die Trümmerstätten des Kollosseums, hier über den Konstantinsbogen und das Forum Romanum, und auf der langen Via Appica Antica kühlt nun der staubige Asphalt die Sohlen der Rennschuhe ...«

Bildnachweis:
Weyrich (S. 124), Klaus Winkler (S. 90) und
Archiv Heinz Florian Oertel

Quellenverzeichnis:

Heinz Florian Oertel: Mit dem Sportmikrofon um die Welt. Berlin 1958
Ders.: Immer wieder unterwegs. Berlin 1966
Ders.: 30 Jahre wie ein Sprint. Berlin 1984
Ders.: Höchste Zeit. Erinnerungen. Berlin 1997
Ders.: Reportagen. Unvergessenes aus 40 Jahren. CD. Berlin 1998
Ders.: Nachspiel-Zeit. Bemerkungen. Berlin 1999
Ders.: Gott sei Dank. Schluss mit der Schwatzgesellschaft. Berlin 2007
Ders.: Pfui Teufel. Über Verdrängtes und Vergessenes. Berlin 2009
Ders.: Halleluja für Heuchler. Berlin 2011
Manfred Gößinger (Hrsg.): Sportler über Heinz Florian Oertel. Nennen Sie Ihre Söhne Waldemar! Berlin 2012
Jan Hofer und Heinz Florian Oertel: Ein Leben für den Sport. Berlin 2012

ISBN 978-3-355-01865-4

Umschlaggestaltung: Verlag, Peter Tiefmann,
unter Verwendung eines Fotos von André Kowalski
Printed in EU

Die Bücher des Verlags Neues Leben
erscheinen in der Eulenspiegel Verlagsgruppe.

www.eulenspiegel.com